体育强国视域下多元化全民健身服务体系建设研究

王丽娜　付建宏　薛晓光　著

延吉·延边大学出版社

图书在版编目（CIP）数据

体育强国视域下多元化全民健身服务体系建设研究 / 王丽娜，付建宏，薛晓光著. -- 延吉：延边大学出版社，2024.7. -- ISBN 978-7-230-06890-1

Ⅰ．G812.4

中国国家版本馆CIP数据核字第20241DP062号

体育强国视域下多元化全民健身服务体系建设研究
TIYU QIANGGUO SHIYU XIA DUOYUANHUA QUANMIN JIANSHEN FUWU TIXI JIANSHE YANJIU

著　　　者：王丽娜　付建宏　薛晓光	
责任编辑：张云洁	
封面设计：文合文化	
出版发行：延边大学出版社	
社　　　址：吉林省延吉市公园路977号	邮　　编：133002
网　　　址：http://www.ydcbs.com	E-mail：ydcbs@ydcbs.com
电　　　话：0433-2732435	传　　真：0433-2732434
印　　　刷：三河市嵩川印刷有限公司	
开　　　本：787mm×1092mm　1/16	
印　　　张：9.5	
字　　　数：200 千字	
版　　　次：2024 年 7 月第 1 版	
印　　　次：2024 年 7 月第 1 次印刷	
书　　　号：ISBN 978-7-230-06890-1	

定价：65.00 元

前　言

在全球化浪潮和科技进步的推动下，体育作为社会文化的重要组成部分，正处于前所未有的变革与发展阶段。体育强国目标的确立标志着我国体育事业迈入新的发展阶段，凸显出全民健身在国家发展全局中的重要地位。面对人民群众日益增长的多元化体育需求，如何构建多元化全民健身服务体系，成为当前体育领域亟待解决的关键问题。在此背景下，笔者写出此书以对全民健身服务体系进行深入剖析，探讨体育强国视域下多元化全民健身服务体系建设的路径，以期为推动我国体育事业全面、协调、可持续发展提供理论支撑和实践指导。

本书共八章，第一章阐述了全民健身的基础知识，包括全民健身的内涵、特征、任务等内容，第二章论述了体育强国与全民健身服务的相关内容，第三章分析了体育强国视域下全民健身公共服务存在的问题及解决思路，第四章介绍了体育强国视域下多元化全民健身服务体系及其建设的现实基础和方向，第五章论述了体育强国视域下多元化全民健身服务体系建设的原则、要点和推进策略，第六章探讨了体育强国视域下多元化全民健身服务体系建设框架，第七章论述了城乡联动的多元化全民健身服务体系建设，第八章以河北省为例，探讨了多元化全民健身服务体系的建设实践。

笔者在撰写本书的过程中，参考了大量的文献资料，在此对相关文献资料的作者表示由衷的感谢。此外，由于笔者时间和精力有限，书中难免会存在不足之处，敬请广大读者和各位同行批评指正。

笔者

2024 年 7 月

目 录

第一章 全民健身概述 ………………………………………………………… 1

第一节 全民健身的内涵和特征 ………………………………………… 1
第二节 全民健身的任务 ………………………………………………… 6
第三节 全民健身的地位和作用 ………………………………………… 11
第四节 全民健身与全民健康深度融合 ………………………………… 13

第二章 体育强国与全民健身服务 …………………………………………… 19

第一节 体育强国概述 …………………………………………………… 19
第二节 全民健身服务概述 ……………………………………………… 28
第三节 体育强国视域下全民健身服务发展重点 ……………………… 32
第四节 体育强国视域下全民健身 高质量发展 ………………………… 37

第三章 体育强国视域下全民健身公共服务存在的问题及解决思路 ……… 41

第一节 体育强国视域下全民健身公共服务存在的问题 ……………… 41
第二节 体育强国视域下全民健身公共服务问题的解决思路 ………… 44

第四章 体育强国视域下多元化全民健身服务体系及其建设的现实基础和方向 …………………………………………………………… 50

第一节 多元化全民健身服务 体系的内涵和结构 ……………………… 50
第二节 体育强国视域下多元化全民健身服务体系建设的现实基础 … 58
第三节 体育强国视域下多元化全民健身服务体系建设的方向 ……… 62

第五章　体育强国视域下多元化全民健身服务体系建设的原则、要点和推进策略 …… 69

第一节　体育强国视域下多元化全民健身服务体系建设的原则和要点 …… 69
第二节　体育强国视域下多元化全民健身服务体系建设的推进策略 …… 75

第六章　体育强国视域下多元化全民健身服务体系建设框架 …… 80

第一节　全民健身体质监测体系建设 …… 80
第二节　全民健身组织体系建设 …… 84
第三节　全民健身管理体系建设 …… 88
第四节　全民健身指导体系建设 …… 91
第五节　全民健身体育人才体系建设 …… 98

第七章　城乡联动的多元化全民健身服务体系建设 …… 103

第一节　城市多元化全民健身服务体系建设 …… 103
第二节　乡村多元化全民健身服务体系建设 …… 107
第三节　城乡全民健身服务体系联动发展 …… 111

第八章　多元化全民健身服务体系建设：区域案例分析 …… 116

第一节　京津冀协同发展战略下河北省全民健身服务体系建设 …… 116
第二节　京津冀协同发展战略下河北省农村休闲体育发展 …… 129
第三节　京津冀协同发展战略下河北省城乡体育场地设施建设 …… 140

参考文献 …… 144

第一章 全民健身概述

第一节 全民健身的内涵和特征

改革开放以来，我国体育事业取得了很大成就。参加体育活动的人数不断增加，人民体质与健康状况有了很大改善，全民健身工作日益受到社会的重视和支持，群众性体育活动的内容和形式更加丰富多彩，群众体育健身的物质条件逐步提高，体育在提高人民整体素质、促进社会主义精神文明和物质文明建设方面发挥着越来越重要的作用。

当前，我国经济建设和社会发展对人民的整体素质提出了新的、更高的要求。但是，全民健身工作的现状还不能适应社会主义现代化建设的需要。这主要体现在群众的体育健身意识还不够强，群众性体育活动的开展还不够广泛，经常参加体育锻炼的人数还不够多，现有体育场地设施还不能满足向社会开放、群众进行体育锻炼的需要，适应社会主义市场经济体制的全民健身管理体制和运行机制还在探索之中。

为进一步增强人民体质，适应我国社会主义现代化建设的需要，必须采取切实有效的措施，推行全民健身计划，发展群众体育。

一、全民健身的内涵

全民健身直接关系广大人民群众的身体健康和生活幸福，是社会主义精神文明建设的重要内容，也是综合国力和社会文明程度的重要标志。为了发展全民健身事业，广泛开展全民健身运动，实现全民健身的系统化、法治化、规范化，国务院于1995年颁布了《全民健身计划纲要》。《全民健身计划纲要》不仅对促进我国的体育理论建设、全面提高国民健康水平和整体素质有深远意义，也为新时期我国体育事业的发展指明了方向。

党的十八大报告提出"广泛开展全民健身运动,促进群众体育和竞技体育全面发展",党的十九大报告提出"广泛开展全民健身活动,加快推进体育强国建设,筹办好北京冬奥会、冬残奥会",党的二十大报告提出"广泛开展全民健身活动,加强青少年体育工作,促进群众体育和竞技体育全面发展,加快建设体育强国"。三次重要报告都强调"广泛开展全民健身活动",充分体现了党和国家对全民健身的高度关怀和高度重视。

(一)全民健身是以人民为中心的体育实践

人民是历史的剧作者,也是历史的剧中人。全民健身是全体人民增强体魄、健康生活的基础和保障。

"一切为了人民"体现了全民健身发展目标的人民立场,回应了全民健身"为了谁"的问题。全民健身的根本目的是增强人民群众的体质,提高人民群众的健康水平,满足人民群众日益增长的体育需求。全民健身将实现人的全面发展作为根本价值旨归。

"一切依靠人民"体现了全民健身发展过程的人民立场,回应了全民健身"依靠谁"的问题。以人民为中心就是要调动人民群众的积极性和创造性,充分发挥人民群众的主观能动性,把"人人参与、人人尽力、人人享有"的全民健身格局创立起来,实现群策群力、共建共享,筑牢全民健身发展的群众根基。

"一切由人民共享"体现了全民健身发展结果的人民立场,回应了全民健身"属于谁"的问题。全民健身发展成果的共享性和增益性是人民群众作为全民健身事业发展主体的应有权利,展现了同心同德、同力同为、同向同行的精神风貌。

全民健身既是促进人全面发展的内在要求,又是实现人全面发展的重要手段,反映了中国特色社会主义体育的本质要求。在新时代全面建设社会主义现代化国家、实现中华民族伟大复兴的历史进程中,通过全民健身提升人民群众身体素养、增强人民群众体质、提高人民群众健康水平是以人民为中心的发展观在体育实践中的具体体现。

（二）全民健身是体育强国建设的坚实基础

《体育强国建设纲要》用三个阶段的总体目标，塑造了体育强国的崭新面貌。青少年体育本身属于全民健身范畴，竞技体育发展直接关联全民健身，体育产业成为国民经济支柱性产业离不开全民健身，体育文化与体育对外交往也与全民健身密切联系。推进全民健身的发展，能够吸引更多人参与体育健身活动，从而提高人民群众的健康水平。

全民健身夯实竞技体育发展的根基。根据国家体育总局、教育部颁布的《关于深化体教融合 促进青少年健康发展的意见》，学校体育将为竞技体育培养和输送更多后备人才，其作为竞技体育基础的重要性将更加突出。

庞大的体育人口以直接或间接的方式支撑竞技体育，形成良好的竞技体育发展氛围。以健身、休闲、娱乐为目的的生活体育、家庭体育、城市社区体育、职工体育、农村体育等广泛开展，能够扩大我国体育人口的比例，形成竞技体育可持续发展的趋势。

在新时代，全民健身拓展了体育产业发展空间，基本形成了以竞赛表演、健身休闲为引领，体育场馆服务、体育培训等协同发展的格局。同时，体育产业与相关产业交叉融合，催生出体育旅游、体育康养、体育传媒等多种新兴业态。

全民健身推动体育文化建设，丰富群众体育文化生活，弘扬优秀体育文化，让群众成为体育文化的传播者。在此过程中，要挖掘"为国争光、团结协作、顽强拼搏"为主要内容的中华体育精神的时代内涵，使其充分发挥提高民族自信心、增强民族凝聚力、振奋民族精气神的重要作用。

（三）全民健身是健康中国建设的前端要地

健康水平是衡量国家现代化的重要指标，实施健康中国战略旨在全面提高国民综合健康素养和国家整体健康水平。全民健身作为实施健康中国战略的必要途径和有效手段，在新时代的战略地位不断彰显。

《"健康中国2030"规划纲要》明确提出，统筹建设全民健身公共设施，加强健身步道、骑行道、全民健身中心、体育公园、社区多功能运动场等场地设施建设。到2030年，基本建成县乡村三级公共体育设施网络，人均体育场地面积不低于2.3平方米，在城镇社区实现"15分钟健身圈"全覆盖。推行公共体育设施免费或低收费开放，确保公共体育场地设施和符合开放条件的企事业单位体育场地设施全部向社会开放。加强全民健身组织网络建设，扶持和引导基层体育社会组织发展。并指出，继续制定实施全民健身计划，普及科学健身知识和健身方法，推动全民健身生活化。组织社会体育指导员广泛开展全民健身指导服务。实施国家体育锻炼标准，发展群众健身休闲活动，丰富和完善全民健身体系。大力发展群众喜闻乐见的运动项目，鼓励开发适合不同人群、不同地域特点的特色运动项目，扶持推广太极拳、健身气功等民族民俗民间传统运动项目。

健康中国建设要求全民健身与全民健康深度融合，其本质是探索一条运动促进健康之路，根本目的是通过全民健身提升全民健康水平。

2019年，《国务院关于实施健康中国行动的意见》将全民健身行动列为健康中国重大专项行动，要求为不同人群提供针对性的运动健身方案或运动指导服务，努力打造百姓身边的健身组织和"15分钟健身圈"，推进公共体育设施免费或低收费开放，推动形成"体医结合"的疾病管理和健康服务模式，把高校学生体质健康状况纳入对高校的考核评价等行动措施。

（四）全民健身是实现中华民族伟大复兴的重要载体

广泛开展全民健身活动，是实现中华民族伟大复兴的坚实基础。党的二十大报告指出，"从现在起，中国共产党的中心任务就是团结带领全国各族人民全面建成社会主义现代化强国、实现第二个百年奋斗目标，以中国式现代化全面推进中华民族伟大复兴。"

全民健康是建成富强民主文明和谐美丽的社会主义现代化国家的社会基础。通过全民健身促进全民健康，推进全面建成社会主义现代化体育强国，实现中华民族伟大复兴，这是"全民健身—全民健康—全面建设现代化强国—实现中华民族伟大复兴"的行动逻辑。

在新时代，全民健身在提高人民健康水平、促进人的全面发展、带动经济社会发展、展示国家文化软实力等方面彰显出巨大的综合价值，因此发挥好全民健身的多元功能，有助于全面建成社会主义现代化强国，实现中华民族伟大复兴的中国梦。

二、全民健身的特征

（一）全民性与公益性

全民健身是针对全体国民的健身活动，以所有国民为服务对象，所以具有全民性，这也是以人为本理念的体现。全民健身强调公民参加体育活动的平等权，通过全民健身，体育的乐趣可以被全体国民享有。全民健身惠及的是全体国民，而不是少数特殊群体。因此，在参与全民健身活动方面，每个人都有同等的权利。

公益性指的是由国家出资或者由国家募集资金支持全民健身计划的实施，该项目具有非营利性的特点。

（二）健身性与娱乐性

健身性是全民健身的本质特征。全民健身从根本上讲就是国民通过参加各种各样的体育活动，锻炼身体，最终实现增强体质和提高健康水平的目的。

现代运动项目的娱乐性功能越来越显著，这主要体现为人们在运动健身的过程中，放松身心、交友娱乐、振奋精神，获得娱乐享受。

（三）多元性和灵活性

全民健身的多元性和灵活性可以从以下几个方面体现出来：

第一，全民健身的服务对象是全体国民，而国民在年龄、体质、性别、爱好等各个方面都存在着各种各样的差别，这也就意味着要想满足全体国民的健身需求，必须灵活地为国民提供多元化的健身服务。

第二，全民健身计划的顺利实施是需要大量资金支持的。《全民健身计划纲要》明确指出，体育部门要改善资金支出结构，逐步增加群众体育事业费在预算中的支出比重，鼓励企事业单位、社会团体、个人资助体育健身活动。也就是说，全民健身计划这一项目的主体，除了政府，还有社会团体、个人等。投资主体的多样化有助于为全民健身计划募集足够的资金，促进全民健身计划顺利实施。

第三，随着全民健身计划的深入实施，目前已经形成了多元化的工作方式和完善的工作体系，政府组织、社团组织、社区组织及民间健身俱乐部组织共同组成全民健身工作体系，各组织相对独立，又相互联系、相辅相成。

（四）适应性与综合性

通过运动健身不断增强体质的过程，其实也就是个体不断适应运动负荷的过程，因此全民健身具有适应性的特点。个体在运动健身的过程中，要确定合理的运动负荷，遵循循序渐进的原则，对身体施加的运动负荷不能超过机体承受能力，使机体能够完全适应施加的运动负荷；还要注重运动训练之后的恢复，通过按摩、理疗等方式使身体快速恢复，避免造成机体损伤。

健身活动是一项集健身、健心于一体的活动。从价值上看，一方面，健身活动具有健身价值，能够帮助人们增强体质、提高健康水平；另一方面，健身活动具有娱乐价值，能够让人们心情愉悦。从健身活动的开展形式上看，健身活动是人的体力、智力共同参与的一种活动。其中，人的体力是进行健身活动的基础，智力是个体掌握健身技能的必要条件。由此可见，全民健身具有综合性的特点，健身活动的价值、开展方式等都能体现全民健身的综合性。

第二节 全民健身的任务

在党中央、国务院领导下，全民健身国家战略深入实施，全民健身公共服务水平显著提升，全民健身场地设施逐步增多，人民群众通过健身促进健康的热情日益高涨，健康中国和体育强国建设迈出新步伐。具体来说，全民健身的任务主要包括以下几个方面：

一、加大全民健身场地设施供给

制定国家步道体系建设总体方案和体育公园建设指导意见，督导各地制定健身设施建设补短板五年行动计划，实施全民健身设施补短板工程。盘活城市空闲土地，用好公益性建设用地，支持以租赁方式供地，倡导土地复合利用，充分挖掘存量建设用地潜力，规划建设贴近社区、方便可达的场地设施。新建或改扩建 2 000 个以上体育公园、全民健身中心、公共体育场馆等健身场地设施，补齐 5 000 个以上乡镇（街道）全民健身场地器材，配建一批群众滑冰场，数字化升级改造 1 000 个以上公共体育场馆。

开展公共体育场馆开放服务提升行动，控制大型场馆数量，建立健全场馆运营管理机制，改造完善场馆硬件设施，做好场馆应急避难（险）功能转换预案，提升场馆使用效益。加强对公共体育场馆开放使用的评估督导，优化场馆免费或低收费开放绩效管理方式，加大场馆向青少年、老年人、残疾人开放的绩效考核力度。

二、广泛开展全民健身赛事活动

开展全国运动会群众赛事活动，举办全民健身大会、全国社区运动会。持续开展全国新年登高、纪念毛泽东同志"发展体育运动，增强人民体质"题词、全民健身日、"行走大运河"全民健身健步走、中国农民丰收节、群众冬季运动推广普及等主题活动。巩固拓展"三亿人参与冰雪运动"成果，大力发展"三大球"运动，推动县域足球推广普及。制定运动项目办赛指南和参赛指引，举办运动项目业余联赛，普及运动项目文化，发展运动项目人口。支持举办各类残疾人体育赛事，开展残健融合体育健身活动。支持各地利用自身资源优势培育全民健身赛事活动品牌，鼓励京津冀、长三角、粤港澳大湾区、成渝地区双城经济圈等区域联合打造全民健身赛事活动品牌，促进区域间全民健身协同发展。

三、提升科学健身指导服务水平

落实国民体质监测、国家体育锻炼标准和全民健身活动状况调查制度。开设线上科学健身大讲堂。鼓励体育明星等体育专业技术人才参加健身科普活动。征集推广体育科普作品，促进科学健身知识、方法的研究和普及。制定面向大众的体育运动水平等级标准及评定体系。深化社会体育指导员管理制度改革，适当降低准入门槛，扩大队伍规模，提高指导服务率和科学健身指导服务水平。弘扬全民健身志愿服务精神，开展线上线下志愿服务，推出具有地方特色的全民健身志愿服务项目，打造全民健身志愿服务品牌。

四、激发体育社会组织活力

完善以各级体育总会为枢纽，各级各类单项、行业和人群体育协会为支撑，基层体育组织为主体的全民健身组织网络。重点加强基层体育组织建设，鼓励体育总会向乡镇（街道）延伸、各类体育社会组织下沉行政村（社区）。加大政府购买体育社会组织服务力度，引导体育社会组织参与承接政府购买全民健身公共服务。对队伍稳定、组织活跃、专业素养高的"三大球"、乒乓球、羽毛球、骑行、跑步等自发性全民健身社会组织给予场地、教练、培训、等级评定等支持。将运动项目推广普及作为单项体育协会的主要评价指标。

五、促进重点人群健身活动开展

实施青少年体育活动促进计划，推进青少年体育"健康包"工程，开展针对青少年近视、肥胖等问题的体育干预，合理调整适合未成年人使用的设施器材标准，在配备公共体育设施的社区、公园、绿地等公共场所，配备适合学龄前儿童大动作发展和身体锻炼的设备设施。提高健身设施适老化程度，研究推广适合老年人的体育健身休闲项目，组织开展适合老年人的赛事活动。完善公共健身设施无障碍环境，开展残疾人康复健身活动。推动农民、妇女等人群健身活动开展。

六、推动体育产业高质量发展

优化产业结构，加快形成以健身休闲和竞赛表演为龙头、高端制造业与现代服务业融合发展的现代体育产业体系。推进体育产业数字化转型，鼓励体育企业"上云用数赋智"，推动数据赋能全产业链协同转型。促进体育资源向优质企业集中，在健身设施供给、赛事活动组织、健身器材研发制造等领域培育一批"专精特新"中小企业、"瞪羚"企业和"隐形冠军"企业，鼓励有条件企业以单项冠军企业为目标做强、做优、做大。大力发展运动项目产业，积极培育户外运动、智能体育等体育产业，催生更多新产品、新业态、新模式。在国家体育消费试点城市基础上，择优确定一批国家体育消费示范城市，充分发挥试点城市、示范城市作用，鼓励各地创新体育消费政策、机制、模式、产品，加大优质体育产品和服务供给，促进高端体育消费回流。

七、推进全民健身融合发展

（一）深化体教融合

完善学校体育教学模式，保障学生每天校内、校外各 1 个小时体育活动时间。整合各级各类青少年体育赛事，健全分学段、跨区域的青少年体育赛事体系。加大体育传统特色学校、各级各类体校和高校高水平运动队建设力度，大力培养体育教师和教练员队伍。规范青少年体育社会组织建设，鼓励支持青少年体育俱乐部发展。

（二）推动体卫融合

探索建立体育和卫生健康等部门协同、全社会共同参与的运动促进健康模式。推动体卫融合服务机构向基层覆盖延伸，支持在社区医疗卫生机构中设立科学健身门诊。推进体卫融合理论、科技和实践创新，推广常见慢性病运动干预项目和方法。推广体卫融合发展典型经验。

（三）促进体旅融合

通过普及推广冰雪、山地户外、航空、水上、马拉松、自行车、汽车、摩托车等户外运动项目，建设完善相关设施，拓展体育旅游产品和服务供给。打造一批有影响力的体育旅游精品线路、精品赛事和示范基地，引导国家体育旅游示范区建设，助力乡村振兴。

八、营造全民健身社会氛围

普及全民健身文化，加大公益广告创作和投放力度，大力弘扬体育精神，讲好群众健身故事。强化全民健身激励，探索建立全国统一的"运动银行"制度和个人运动码，开发标准统一的科学运动积分体系，向国家体育锻炼标准和体育运动水平等级标准达标者颁发证书。开展全民运动健身模范市和模范县（市、区）创建。加强全民健身国际交流，与共建"一带一路"国家共同举办全民健身赛事活动，推动武术、龙舟、围棋、健身气功等中华传统体育项目"走出去"，鼓励支持各地与国外友好城市进行全民健身交流。

《全民健身计划（2021—2025年）》明确指出，到2025年，全民健身公共服务体系更加完善，人民群众体育健身更加便利，健身热情进一步提高，各运动项目参与人数持续提升，经常参加体育锻炼人数比例达到38.5%，县（市、区）、乡镇（街道）、行政村（社区）三级公共健身设施和社区"15分钟健身圈"实现全覆盖，每千人拥有社会体育指导员2.16名，带动全国体育产业总规模达到5万亿元。

第三节 全民健身的地位和作用

一、全民健身的地位

（一）一种具有社会性的文化理念

社会性是一种文化理念存在的根本要求，社会价值是一种文化理念。全民健身是在中国特色社会主义初级阶段的时代背景下提出来的，其依据是我国国民的健康状况及健身需求。全民健身的主体是全体国民，不仅在增强国民体质、丰富国民生活方面起到重要作用，对促进社会发展也有重要意义。因此，全民健身是一种具有社会性的文化理念，在社会主义初级阶段的时代背景下显示出巨大的社会价值。

（二）一种由法律明确规定的体育政策

《中华人民共和国体育法》明确指出，国家实施全民健身战略，构建全民健身公共服务体系，鼓励和支持公民参加健身活动，促进全民健身与全民健康深度融合。国家倡导公民树立和践行科学健身理念，主动学习健身知识，积极参加健身活动。国家推行全民健身计划，制定和实施体育锻炼标准，定期开展公民体质监测和全民健身活动状况调查。将全民健身写进法律，一方面，显示了国家对全民健身事业的重视，另一方面，为全民健身计划的推行和实施提供了有力保障。

（三）一项国家的重要战略决策

1952年6月，毛泽东同志为中华全国体育总会成立大会题词："发展体育运动，增强人民体质。"全民健身是对我国一直以来的体育发展决策的延续和总结，是在符合我国国情的基础上提出来的，是国家的重要战略决策。全民健身以习近平新时代中国特色社会主义思想为指导，贯彻落实党的十九大和十九届二中、三中、四中、五中全会精神，坚持以人民为中心，坚持新发展理念，充分发挥其在提高人民健康水平、促进人的全面发展、推动经济社会发展、展示国家文化软实力等方面的综合价值与多元功能。

（四）一项国家级别的服务体系工程

全民健身是一项国家级别的服务体系工程，它是由国家领导的，具有一定的社会性与全民参与性。全民健身计划的实施对增强国民体质具有积极的促进作用。

二、全民健身的作用

（一）促进社会发展

人是社会发展过程中最具决定性的因素，只有人获得良性发展，社会才能够获得充足的发展动力。全民健身是在我国国民出现运动量不足状况和亚健康问题的背景下提出来的，目的在于增强国民体质、提高国民健康水平。目前，全民健身已经取得了显著的成果，为促进我国社会发展提供了有力保障。

（二）促进体育产业发展

体育产业在满足人民日益增长的美好生活需要方面发挥着不可替代的作用。在新形势下，要以习近平新时代中国特色社会主义思想为指导，强化体育产业要素保障，激发市场活力和消费热情，推动体育产业成为国民经济支柱性产业，积极实施全民健身行动，让经常参加体育锻炼成为一种生活方式。

全民健身带动了一大批国民参与健身活动，为体育产业的发展创造了巨大的消费人群，这些人在健身活动中所使用的装备、设施都为体育产业的发展提供了充足的动力。此外，人们的消费观念也受到全民健身的影响，导致人们对体育产品和体育服务的消费需求不断增长。在体育产业发展的同时，与体育相关的行业也获得了更多的发展动力，呈现出繁荣发展的态势。

（三）增强国民体质

国家采取了一系列措施，包括加大体育设施建设力度、举办大型体育活动等，让人们意识到健身的重要性，并吸引人们参与健身活动。随着全民健身计划的深入实施，运动健身已经逐渐成为人们生活中的一部分。

全民健身是实现全民健康的重要途径和手段，是全体人民增强体魄、幸福生活的基础保障。这主要体现在全民健身大力倡导"人人热爱体育、全民健身强体"理念，以增强人民体质、提高健康水平和生活质量为根本目标，以满足人民群众日益增长的多元化体育健身需求为出发点和落脚点，坚持以人为本、改革创新、依法治体、确保基本、注重实效的工作原则，以建设全民健身公共服务体系为重点，坚持体育事业公益性，保障群众参与体育健身活动的合法权益，奠定建设体育强国的坚实基础。

第四节　全民健身与全民健康深度融合

2016年，在全国卫生与健康大会上，习近平总书记明确提出，要倡导健康文明的生活方式，树立大卫生、大健康的观念，把以治病为中心转变为以人民健康为中心，建立健全健康教育体系，提升全民健康素养，推动全民健身和全民健康深度融合。由此，中央正式提出了全民健身与全民健康深度融合的战略任务。

一、全民健身与全民健康深度融合的内涵

全民健身与全民健康深度融合是指全民健身与全民健康两大民生工程在更广范围、更高层次、更深程度上相互渗透、互为一体的过程。其中，全民健身要以全民健康为目标和指向，全民健康要以全民健身为重要途径和手段，形成你中有我、我中有你，相互联系、相互交叉、相互渗透、相互促进的发展新格局，本质是探索一条运动促进健康之路，最终目的是解决我国关系健康的重大和长远问题，实现健康中国的战略目标。

全民健身侧重健康的前端，涵盖身体锻炼、养生、保健等工作；医疗卫生侧重健康的后端，涵盖疾病治疗、康复等工作。全民健身与医疗卫生资源为实现两者的融合提供了物质基础，社会对健身和卫生融合服务的需求是动力，其体制和机制创新为其融合实现的社会环境，通过现代科技和服务方式的创新，从而延伸新的价值链，提升

健身与健康产品（活动）的价值和品质，促进形成新兴健身与健康的业态，满足人们日益上升的个性化、多元化的健康需求。

从范围来看，全民健身与全民健康深度融合要从中央到地方。从管理学的角度看，是两个系统要素间相互协同的过程。从经济学的角度看，是资源在两个系统间的优化配置。从融合的具体内容看，包括宏观层面的决策层融合，主要指两个系统的战略规划、政策法规、标准厘定、重大问题的解决方案等要融合；中观层面的管理层融合，包括资源配置、绩效评估、设施、组织、活动、人才、宣传、科技等方面要统筹；微观层面的操作层融合，包括运动促进健康的具体方案、手段和方法上的融合和平台的建立，健身和健康行为干预计划、手段、方法上的融合和平台的建立。从融合的类型看，分为内部自发型融合和外部推动型融合。

二、全民健身与全民健康深度融合的路径

（一）理念先行，解决全民健身与全民健康深度融合的认知障碍

根据健康中国战略的要求，贯彻和落实"以促进健康为中心"的大健康观、大卫生观，并将这一理念统领全民健身与全民健康相关政策制定实施全过程。树立"大群体观"，统领全民健身工作。突出政府的全民健身责任，把政府重视全民健身工作与重视民生相关联、相等同。要建立部门协同、全社会共同参与的运动促进健康模式，调动各方资源，形成目标、任务具体化，工作过程可操作、可衡量、可考核的全民健身发展新格局。

（二）以全面深化改革为动力，破除制约全民健身与全民健康深度融合的机制障碍

打破体育、卫生、医疗等部门界限和行业壁垒，形成合纵连横、协同创新和跨域治理的运动促进健康模式。用全局观念和系统思维考虑全民健身与全民健康深度融合，通过全面深化改革激发多元主体参与运动促进健康工作的动力、形成推进运动促进健康工作的合力；通过全面深化改革为推进全民健身与全民健康深度融合探寻方法，破除制约全民健身与全民健康深度融合的机制障碍。

（三）共建共享全民健身公共服务体系，实现全民健身公共服务的精准化供给

把共同建设、共同享有贯穿全民健身公共服务体系构建的全过程，真正做到在共建中共享、在共享中共建。从供给侧和需求侧两端发力，统筹政府、市场、社会和个人四个层面，形成运动促进健康的强大合力。

创新全民健身公共服务的供给方式，推动全民健身基本公共服务的供给侧结构性改革。体育、卫生、教育、旅游等行业要主动适应群众的健身需求，优化资源配置，做好基础工作并补齐发展短板，推动健身与养老、医疗、教育培训和旅游融合，实现健身产业的升级换代，以满足人民群众不断增长的健身需求。

促进全社会广泛参与全民健身公共服务的供给，吸引、鼓励社会团体积极参与运动促进健康活动。从服务的可及性出发，推动全民健身和全民健康在理念上融合、组织上融合、设施上融合、活动上融合、队伍上融合、管理上融合。从个人层面来看，要强化个人的健身责任，提高全民体育素养，有效控制影响自主健身行为的因素，形成热爱运动、坚持运动、追求健康、促进健康的社会氛围。

（四）实施七大系列工程，使全民健身与全民健康深度融合落到实处

从全民健身与全民健康深度融合关键要素提升的角度提出实施七大系列工程：一是全民健身与全民健康深度融合宣传工程，解决认识问题；二是社区居民电子健康档案建设工程，解决信息收集问题；三是全民健身与全民健康深度融合的人才支撑工程，解决人才保障问题；四是全民健身与全民健康深度融合的科技创新工程，解决科学决策问题；五是社区重点人群健身行为干预工程，解决服务的公平性问题；六是全民健身与全民健康深度融合的"典型示范"建设工程，解决机制和模式创新问题；七是"体医融合"工程，解决体育与医疗卫生部门之间优质资源整合问题。

（五）制定有利于维护和促进全民健身与全民健康深度融合的政策法规

在政策法规的制定上要体现顶层设计与落地配套相结合，重在建体系、重统筹、谋实效。在顶层设计上，要建立具有约束力的综合性法律，明确界定全民健身与全民健康深度融合相关主体及其各自权利、责任、作用范围；对全民健身与全民健康深度

融合的战略规划、重大项目实施和核心要素建设要有相应的法律保障。在顶层设计的基础上，要建立配套政策和具体实施办法，构建全民健身与全民健康深度融合的微观运行机制，使得各项工作能落地执行。通过专门的机构发挥政策法规制定的统筹统管作用，加大政策制定的统筹力度，加强对政策法规执行效果的评估和调研，提高政策效果。

三、全民健身与全民健康深度融合的机制

（一）建立政府统筹推动机制

全民健身与全民健康深度融合的过程是一个由政府推动的强制性制度变迁，到诱发社会形成有利于两者深度融合的观念等非正式制度的诱致性变迁过程。因此，坚持政府统筹推动是全民健身与全民健康深度融合的重要原则，也是中华人民共和国成立以来全民健身和全民健康工作在各自领域取得成效的历史经验总结。

建立政府统筹推动机制，要从以下几个方面着手：一是要提高对全民健身与全民健康深度融合工作的重要性认识，明确政府责任，把政府统筹推进全民健身与全民健康的深度融合工作作为保障我国公民健康权利的内在要求；二是建立系列工程遴选、协调、督查的推进机制，使政府层面全民健身与全民健康深度融合工作落地。

（二）建立跨部门协同机制

全民健身与全民健康深度融合的本质是一条多方参与的运动促进健康之路，要求立足于全人群和全生命周期的健康问题，通过全民健身公共服务的精准化供给，引导人们形成科学的健身行为，达到疾病预防、治疗的目的。而要完成这一任务，就必须要求所有涉及全民健身公共服务供给的部门进行资源整合，通过构建跨部门的协同机制，使相关各方的资源优势发挥最大的社会效益。建立跨部门协同机制，要从以下几个方面着手：

一是要明确协同关系。明确在全民健身公共服务精准化供给的过程中需要哪些部门参与，各部门在实现共同目标的过程中具体承担的责任是什么。这需要根据全民健

身公共服务的具体内容及保障条件、部门本身承担的行政责任和部门分工确立各相关部门在全民健身公共服务精准化供给中的作用。

二是要建立跨部门的领导机制。发挥省部际协调委员会和联席会议的作用，制定全民健身与全民健康深度融合的总体战略决策，指导、督促部门间合作，开展联合监督检查等。

三是要建立跨部门协同的信息共享机制。构建专门的信息平台保证部门之间的信息互联互通。在信息收集方面，建立信息收集的统一标准，进行长期、系统的信息收集，形成各种信息的数据库；在信息的利用方面，组织专家对数据进行分析和深度挖掘，提升信息的利用价值，为制定跨部门的科学决策提供参考；在信息发布方面，建立信息公开制度，为相关部门和公众搭建信息交流平台；在信息的质量保证方面，负责收集信息的部门要建立质量保证和监管体系，从组织、人员、设备和技术等方面进行保障，确保信息的准确性，避免虚假信息。

四是要建立跨部门协同的监督激励机制。立足于全民健身与全民健康跨部门协同的总体目标，制定相应的监督审查程序，确定奖惩措施，特别是在部门绩效评估过程中不仅要关注部门本身工作目标的完成情况，还要把全民健身与全民健康深度融合跨部门协同目标的完成情况及其对总体目标的贡献程度纳入其中。同时，建立激励机制引导各部门协同，全民健身与全民健康融合工作取得的成果要与协同方共享。

（三）建立社会参与机制

发挥政府机关和事业单位以外的组织和个人在全民健身与全民健康深度融合过程中的作用。通过社会力量的有效参与，提高政府相关政策制定的民主性和科学性，反映不同利益主体的需求；降低交易成本，提高整体管理效率；提高全民健身公共服务精准化供给的水平、质量和效益。要实现社会力量的有效参与，需采取以下策略：

一是政府要在制定规划、出台政策等方面发挥调节作用，营造全社会共同支持参与全民健身公共服务精准化供给的制度环境。在规划方面，对社会力量参与全民健身公共服务的精准化供给应纳入全民健身与全民健康深度融合的总体规划，并列出具体的目标。在政策方面，制定专门的社会捐赠办法或条例，并对达到全民健身与全民健康深度融合示范标准的企业给予税收优惠政策。

二是建立全民健身与全民健康深度融合的志愿服务机制。建立志愿者信息数据库，扎实推进科学健身行为干预志愿者注册和志愿服务记录工作；有计划、分层次、多形式地开展专门的知识与技能培训，提升科学健身行为干预志愿者服务的专业化水平，统一服务流程、统一标准，着力培育一支专业水平高、群众参与广、服务功能强、作用发挥好的科学健身行为干预志愿者队伍。建立表彰激励机制，对工作成绩显著的志愿者，给予表彰。鼓励企事业单位、公益慈善组织和公民个人对科学健身行为干预志愿服务活动进行资助，形成多渠道、多元化的筹资机制。

三是加强全民健身与全民健康深度融合的社会组织建设。政府应从盘活组织存量和培育组织增量两个方面出发，综合运用法律、行政、经济等政策工具发挥其对社会组织的引导、管理和培育的作用。对存量组织的盘活主要着眼于如何赋能，可通过提供咨询、培训和各种协助进行针对性的能力提升。培育增量要从全民健身与全民健康深度融合的客观需要及增量对存量的激活作用两个方面考虑，从层级上应着眼于培育群众身边的组织，从类型上应培育能提供全民健身和全民健康融合型服务的企业。

四是提升社区的全民健身公共服务精准化供给能力。整合社区的资源，围绕服务需求评估和运动方案落实两大任务构建平台。在服务需求的评估方面，要发挥初级卫生保健的作用，为社区居民建立健康档案，收集居民的体质和体育参与信息，在此基础上制定个性化的运动参与方案。在运动方案的落实方面，要注重对社区内部场地设施资源、人力资源、组织资源和其他资源的整合，形成全民健身公共服务网络体系，使每位居民在落实运动方案时都能找到相应的资源。

第二章　体育强国与全民健身服务

第一节　体育强国概述

一、体育强国的内涵

体育强国是一个多维的综合体，其内涵涉及竞技体育、群众体育、体育文化、体育产业等领域。建设体育强国是以习近平同志为核心的党中央对体育事业改革发展作出的重大战略部署，是新时代体育工作的奋斗目标。因此，要全面准确理解体育强国的丰富内涵，加快推进体育强国建设的步伐。

一是精神强，为中华民族伟大复兴提供凝心聚气的强大精神力量。体育在提高全民族身体素质和健康水平、促进人的全面发展、激励人民追求卓越、突破自我等方面的价值功能更加彰显。中国体育健儿在国际赛场上顽强拼搏，勇创佳绩，体育激发中华儿女的爱国热情作用更加突出。中华体育精神成为社会主义核心价值观的重要组成部分，成为建设先进文化的重要载体，为社会提供更加充沛的昂扬向上正能量。

二是体制强，坚持走中国特色社会主义体育发展道路。坚持党对体育工作的全面领导，把党的二十大精神和要求全面贯彻到体育工作各方面，使体育领域成为党领导的坚强阵地。坚持为党和国家中心任务服务，自觉把体育事业放在"五位一体"总体布局和"四个全面"战略布局中去谋划。充分发挥社会主义集中力量办大事的制度优势，发挥中央和地方两个积极性，坚持举国体制与市场机制相结合，开门开放办体育，充分调动各方面积极性，借鉴国外有益经验，积极创新体育工作发展方式。

三是物质强，实现体育发展保障条件的现代化。体育投入机制不断健全，充分调动市场和社会力量，不断壮大体育发展的物质基础。加快体育科技发展步伐，培育具有自主知识产权的高端运动训练和全民健身器材装备知名品牌，提升器材装备智能化水平，实现体育物质保障条件的现代化。丰富体育产品和服务供给，促进体育消费繁荣发展，以体育消费促进人民生活品质提高。

四是全面强，形成体育各方面全面发展的良好局面。体育各领域实现全面发展，群众体育、竞技体育、体育产业、体育文化、体育人才科技等各方面发展水平稳步提升；城乡区域体育实现全面发展，东、中、西部体育良性互动，体育与乡村振兴有效衔接，城乡、区域体育事业发展更加协调；群众体育实现全面发展，幼儿、青少年、老年人、残疾人、农民、妇女、职工等不同年龄、各类人群的体育需求得到更好满足，覆盖生命全周期、健康全过程的全民健身公共服务体系不断完善。

五是融入强，使体育全方位融入国家发展大局。体育与经济社会发展融合度更高，充分发挥体育在新型城镇化建设、乡村振兴、共同富裕中的重要作用。体育与相关行业融合度更深，推动体育与健康、养老、文化、旅游、教育、科技等行业融合发展，实现更频繁的互动、更深入的交流、更有效的协同。体育与全球发展融合度更强，以更加包容、更加开放的心态努力学习借鉴国际体育发展先进经验，与时俱进、与世俱进，在开放中不断壮大自己。

二、体育强国的目标

按照党中央、国务院关于加快推进体育强国建设的决策部署，体育强国战略坚持以人为本、改革创新、依法治体、协同联动，持续提升体育发展的质量和效益，大力推动全民健身与全民健康深度融合，更好发挥举国体制与市场机制相结合的重要作用，不断满足人民对美好生活的需要，努力将体育建设成为中华民族伟大复兴的标志性事业。

《体育强国建设纲要》明确指出，到 2035 年，形成政府主导有力、社会规范有序、市场充满活力、人民积极参与、社会组织健康发展、公共服务完善、与基本实现现代化相适应的体育发展新格局，体育治理体系和治理能力实现现代化。全民健身更亲民、更便利、更普及，经常参加体育锻炼人数比例达到 45%以上，人均体育场地面积达到 2.5 平方米，城乡居民达到《国民体质测定标准》合格以上的人数比例超过92%；青少年体育服务体系更加健全，身体素养显著提升，健康状况明显改善；竞技体育更好、更快、更高、更强，夏季项目与冬季项目、男子项目与女子项目、职业体育与专业体育、"三大球"与基础大项等实现均衡发展，综合实力和国际影响力大幅提升；体育产业更大、更活、更优，成为国民经济支柱性产业；体育文化感召力、影响力、凝聚力不断提高，中华体育精神传承发扬。

到2050年，全面建成社会主义现代化体育强国。人民身体素养和健康水平、体育综合实力和国际影响力居于世界前列，体育成为中华民族伟大复兴的标志性事业。

三、体育强国的任务

（一）落实全民健身国家战略，助力健康中国建设

1.完善全民健身公共服务体系

充分发挥国务院全民健身工作部际联席会议作用，地方各级政府建立全民健身工作联席会议机制。紧紧围绕便民惠民，抓好全民健身"六个身边"工程建设。积极开展体育强省、全民运动健身模范市、全民运动健身模范县三级联创活动，逐步推动基本公共体育服务在地区、城乡、行业和人群间的均等化。推动全民健身公共服务资源向农村倾斜，重点扶持革命老区、民族地区、边疆地区、贫困地区发展全民健身事业。

2.统筹建设全民健身场地设施

加强城市绿道、健身步道、自行车道、全民健身中心、体育健身公园、社区文体广场以及足球、冰雪运动等场地设施建设，与住宅、商业、文化、娱乐等建设项目综合开发和改造相结合，合理利用城市空置场所、地下空间、公园绿地、建筑屋顶、权属单位物业附属空间。鼓励社会力量建设小型体育场所，完善公共体育设施免费或低收费开放政策，有序促进各类体育场地设施向社会开放。紧密结合美丽宜居乡村、运动休闲特色小镇建设，鼓励创建休闲健身区、功能区和田园景区，探索发展乡村健身休闲产业和建设运动休闲特色乡村。

3.广泛开展全民健身活动

坚持以人民健康为中心，制定并实施全民健身计划，普及科学健身知识和健身方法，因时、因地、因需开展全民健身活动，坚持大健康理念，从注重"治已病"向注重"治未病"转变。推行《国家体育锻炼标准》和《国家学生体质健康标准》，建立

面向全民的体育运动水平等级标准和评定体系。大力发展群众喜闻乐见的运动项目，扶持推广各类民族民间民俗传统运动项目。建立群众性竞赛活动体系和激励机制，探索多元主体办赛机制。推进冰雪运动"南展西扩东进"战略，带动"三亿人参与冰雪运动"。

4.优化全民健身组织网络

发挥全国性体育社会组织示范作用，推进各级体育总会建设，完善覆盖城乡、规范有序、富有活力的全民健身组织网络，带动各级各类单项、行业和人群体育组织开展全民健身活动。组织社会体育指导员广泛开展全民健身指导服务，建立全民健身志愿服务长效机制。

5.促进重点人群体育活动开展

制定实施青少年、妇女、老年人、农民、职业人群、残疾人等群体的体质健康干预计划。将促进青少年提高身体素养和养成健康生活方式作为学校体育教育的重要内容，把学生体质健康水平纳入政府、教育行政部门、学校的考核体系，全面实施青少年体育活动促进计划。实行工间健身制度，鼓励和支持新建工作场所建设适当的健身活动场地。积极推进冰雪运动进校园、进社区，普及冬奥知识和冰雪运动。推动残疾人康复体育和健身体育广泛开展。

6.推进全民健身智慧化发展

运用物联网、云计算等信息技术，促进体育场馆活动预订、赛事信息发布、经营服务统计等整合应用，推进智慧健身路径、智慧健身步道、智慧体育公园建设。鼓励社会力量建设分布于城乡社区、商圈、工业园区的智慧健身中心、智慧健身馆。依托已有资源，提升智慧化全民健身公共服务能力，实现资源整合、数据共享、互联互通，加强分析应用。

（二）提升竞技体育综合实力，增强为国争光能力

完善举国体制与市场机制相结合的竞技体育发展模式，坚持开放办体育，形成国家办与社会办相结合的竞技体育管理体制和运行机制。创新优秀运动员培养和优秀运动队组建模式，建立向全社会开放的国家队运动员选拔制度，充分调动高校、地方以及社会力量参与竞技体育的积极性。综合评估竞技体育项目发展潜力和价值，统筹各项目发展，建立竞技体育公共投入的效益评估体系。

1.构建科学合理的训练体系

加强优秀运动队复合型训练团队建设，构建符合科学发展要求的训练体系。统筹国际、国内体育科技资源，构建跨学科、跨地域、跨行业、跨部门的体育科技协同创新平台，加强科研攻关、科技服务和医疗保障工作。加大对训练基地科研、医疗、文化教育等支持，把若干现有基地建设成为世界一流的"训、科、医、教、服"一体化训练基地。

2.建立中国特色现代化竞赛体系

推进竞赛体制改革，建立适应社会主义市场经济、符合现代体育运动规律、与国际接轨的体育竞赛制度，构建多部门合作、多主体参与的金字塔式体育竞赛体系，畅通分级分类有序参赛通道，推动青少年竞赛体系和学校竞赛体系有机融合。深化全国运动会、全国冬季运动会、全国青年运动会改革。支持全国性单项体育协会举办高水平体育赛事活动，鼓励社会力量举办形式多样的系列赛、大奖赛、分站赛等。

3.全面推动足球、篮球、排球运动的普及

积极探索中国特色"三大球"发展道路，构建政府主导、部门协同、社会力量积极参与的"三大球"训练、竞赛和后备人才培养体系。加强国际交流与合作，强化科技助力，提高"三大球"训练、竞赛的科学化水平。挖掘"三大球"项目文化，提高大众的认知度和参与度。

4.推进职业体育发展

鼓励具备条件的运动项目走职业化道路，支持教练员、运动员职业化发展，组建职业联盟。完善职业体育俱乐部法人治理结构，加快俱乐部现代企业制度建设。建立体育经纪人制度，积极探索适应中国国情和职业体育特点的职业运动员管理制度。完善职业体育联赛体制机制，充分发挥俱乐部的市场主体作用，培育形成具有世界影响力的职业联赛。

（三）加快发展体育产业，培育经济发展新动能

1.打造现代产业体系

完善体育全产业链条，促进体育与相关行业融合发展，推动区域体育产业协同发展。加快推动互联网、大数据、人工智能与体育实体经济深度融合，创新生产方式、服务方式和商业模式，促进体育制造业转型升级、体育服务业提质增效。

2. 激发市场主体活力

支持体育用品研发设计、生产制造和示范应用，引导企业加大自主研发和科技成果转化力度，开发科技含量高、拥有自主知识产权的产品，支持可穿戴运动设备和智能运动装备的研发与制造，显著提升体育用品供给能力。打造一批具有国际竞争力的知名体育企业和具有国际影响力的自主体育品牌，支持优势企业、优势品牌和优势项目"走出去"。完善健身教练、体育经纪人等职业标准和管理规范。扶持体育培训、策划、咨询、经纪、营销等企业发展。鼓励大型健身俱乐部跨区域连锁经营，鼓励大型体育赛事进行市场开发，支持成立各类体育产业孵化平台。

3. 扩大体育消费

广泛开展群众性体育活动，增强体育消费黏性，丰富节假日体育赛事供给，激发大众体育消费需求。拓展体育健身、体育观赛、体育培训、体育旅游等消费新空间，促进健身休闲、竞赛表演产业发展。创新体育消费支付产品，推动体育消费便利化。支持各地创新体育消费引导机制。

4. 加强体育市场监管

完善体育市场监管体制，推进综合行政执法。充分发挥法律法规的规范作用、行业协会的自律作用、市场的配置作用、公众和舆论的监督作用，促进体育市场主体自我约束、诚信经营。推进体育行业信用体系建设，完善体育企业信息公示制度，强化体育企业信息归集机制，健全信用约束和失信联合惩戒机制。

体育产业的发展是建设体育强国的坚实基础。近年来，《关于加快发展体育产业促进体育消费的若干意见》《体育强国建设纲要》等文件明确将体育产业作为推动经济转型升级的重要力量，提出发展智能体育、健身休闲、户外运动等多种业态，为体育产业发展擘画了清晰路径。推动体育产业的高质量发展，要从人民群众的体育消费需求出发，迎合人们不断升级的消费需求，以数字技术、场景业态的创新为体育产业深度赋能，让对体育的喜爱融入广大人民群众的社会生活，大力发展群众体育，厚植体育强国的基础。同时，面对新形势给体育产业带来的新问题，要坚持问题导向，聚焦体育产业发展的重点领域和关键环节，深化改革创新，不断优化体育产业的运行模式、产品服务，精心打磨每个环节，促进体育产业高质量发展，为体育强国发展注入新的活力和动力。

（四）促进体育文化繁荣发展，弘扬中华体育精神

1.大力弘扬中华体育精神

深入挖掘中华体育精神，将其融入社会主义核心价值体系建设，精心培育和发展体育公益、慈善和志愿服务文化。完善中国体育荣誉体系，鼓励社会组织和单项体育协会打造褒奖运动精神的各类荣誉奖励。倡导文明观赛、文明健身等体育文明礼仪，促进社会主义思想道德建设和精神文明创建。

2.传承中华传统体育文化

加强优秀民族体育、民间体育、民俗体育的保护、推广和创新，推进传统体育项目文化的挖掘和整理。开展体育文物、档案、文献等普查、收集、整理、保存和研究利用工作。开展传统体育类非物质文化遗产展示展演活动，推动传统体育类非物质文化遗产进校园。

3.推动运动项目文化建设

挖掘体育运动项目特色、组织文化和团队精神，讲好以运动员为主体的运动项目文化故事。培育具有优秀品德和良好运动成绩的体育明星，组织运动队和体育明星开展公益活动。以各类赛事为平台，举办以运动项目为主要内容的文化活动。

4.丰富体育文化产品

实施体育文化创作精品工程，创作具有时代特征、体育内涵、中国特色的体育文化产品，鼓励开展体育影视、体育音乐、体育摄影、体育美术、体育动漫、体育收藏品等的展示和评选活动。

四、加快推进体育强国建设步伐

党的二十大擘画了全面建设社会主义现代化国家、以中国式现代化全面推进中华民族伟大复兴的宏伟蓝图，明确了新时代新征程党和国家事业发展的目标任务。党的二十大报告是我们党团结带领全国各族人民夺取中国特色社会主义新胜利的政治宣言和行动纲领，是马克思主义纲领性文献。体育系统要坚持以习近平新时代中国特色社会主义思想为指导，深入学习习近平总书记关于加快建设体育强国的重要论述，全面学习宣传贯彻党的二十大精神，加快建设体育强国，奋力谱写全面建设社会主义现代

化国家体育新篇章。学习宣传贯彻党的二十大精神，是当前和今后一个时期全党全国的首要政治任务，是体育战线一切工作的中心主线。体育系统紧紧围绕习近平总书记和党中央关于认真学习贯彻党的二十大精神的部署要求，将党的二十大精神转化为加快建设体育强国的科学思路、务实举措和实际成效。坚持学思用贯通、知信行统一，全面系统学、持续深入学、联系实际学，吃透精神实质、领会核心要义、把握实践要求，切实增强政治自觉、思想自觉、行动自觉，以党的二十大精神推动体育事业高质量发展。

党的二十大报告明确提出加快建设体育强国的任务要求，体育系统要深刻认识这一重大任务和神圣使命，充分发挥体育在全面建设社会主义现代化国家中的综合价值和多元功能，不断取得新的更大的成绩。新时代新征程，体育要为人民健康筑基。体育是提高人民健康水平的重要途径。要坚持以人民为中心的发展思想，把人民作为发展体育事业的主体，广泛开展全民健身活动，引导大众积极参与体育锻炼和体育活动，增强体质、增进健康、塑造人格、陶冶情操，促进人的全面发展。新时代新征程，体育要为伟大复兴聚气。体育承载着国家强盛、民族振兴的梦想。要提高为国争光能力，在奥运舞台、世界赛场上顽强拼搏、勇攀高峰，以体育的力量凝聚爱国情怀、振奋民族精神，为中华民族伟大复兴提供强大精神力量。新时代新征程，体育要为社会发展赋能。体育是综合国力和社会文明程度的重要体现。要推动体育产业高质量发展，扩大体育产品和服务供给，推动体育与相关产业融合发展，不断满足人民群众体育消费需求，努力把体育产业打造成为国民经济支柱性产业。新时代新征程，体育要为自信自立铸魂。体育是书写国家荣誉的舞台，凝聚着爱国、团结、奋进的积极力量，体育文化是社会主义先进文化的重要组成部分，对提高民族自信心、增强民族凝聚力具有重要作用。要大力弘扬中华体育精神，发展民族传统体育，使体育引领社会风尚，彰显民族自信。新时代新征程，体育要为全球体育增力。体育是世界各国文明互鉴、民心相通的桥梁。要坚定道路自信、理论自信、制度自信、文化自信，坚定不移推动开放发展，发挥体育促进对话、消弭分歧、合作交流、增进和平的重要作用，积极服务国家外交大局，推动构建人类命运共同体，不断贡献中国智慧和中国方案。

（一）全面落实全民健身国家战略

不断完善公共体育服务政策体系，为全民健身提供全方位的政策保障，形成全民健身齐抓共管的工作格局。坚持问题导向，多措并举提升公共健身设施建设和公共体育场馆开放水平，千方百计解决好人民群众"健身去哪儿"的难题。丰富全民健身公共服务产品供给，深入推动全民健身活动广泛开展。巩固和拓展"带动三亿人参与冰雪运动"成果，持续推动冰雪运动普及发展。不断健全全民健身激励机制，营造人人参与体育运动的社会氛围，使全体人民有更多的获得感和幸福感。

（二）全面提高竞技体育综合实力

坚持和完善举国体制，走中国特色社会主义体育发展道路。积极推进运动项目管理体制改革，建立符合运动项目特点的管理模式。创新运动队办队模式，加强思想政治工作，打造能征善战、作风优良的国家队。深化竞赛体制改革，打造中国特色现代化竞赛体系。优化职业体育生态，形成符合国情的职业体育发展新模式。积极探索中国特色"三大球"发展路径。全力做好重大国际赛事的备战参赛工作。

（三）全面加强青少年体育工作

坚持体育与教育融合，文化学习与体育锻炼协调，体魄与人格并重，多措并举，促进青少年全面健康发展。持续深入推进《关于深化体教融合 促进青少年健康发展的意见》落地见效。实施青少年体育活动促进计划，让每个青少年较好掌握一项以上运动技能。鼓励学生积极参加校外体育活动，形成学校、家庭、社会联动支持青少年参与体育的良好局面。建立科学合理的青少年体育赛事活动体系。高度重视竞技体育后备人才培养，筑牢竞技体育发展根基。

（四）全面提升依法治体水平

推动体育法治建设，提高体育发展规范化水平。完善以《中华人民共和国体育法》为核心的体育法律规范体系。全面加强体育依法行政，建立健全体育重大行政决策合法性审查制度。落实地方体育行政执法责任制，加强体育行政执法队伍建设，提升体育行政执法水平。健全体育纠纷解决和法律服务机制。加快建立全国性体育仲裁机构，不断提升体育治理能力和治理水平。

第二节　全民健身服务概述

一、全民健身服务的内容

全民健身服务的内容可以归纳为以下几个方面：

（一）健身设施服务

加强对各级各类公共体育设施的管理，规范服务标准，扩大服务内容。建立社会体育设施的体育服务网络，实行多层次、多时段、多种优惠的多元化服务，为群众提供便利。

（二）健身组织服务

增加体育组织尤其是基层体育组织的数量。提高健身组织服务质量，加强对群众性体育组织、体育团队的管理，帮助自发性体育群体增强自我组织和管理能力。培育和发展体育社团，鼓励有组织地进行体育活动。

（三）体质监测服务

建立群众体质监测服务系统，形成群众体质监测预警机制，进行体质监控和追踪研究，定期公布群众体质监测结果。

（四）健身指导服务

加强体育健身咨询、体育健康促进教育和科学健身指导工作，提高群众健身科学化程度。推行公益性和职业性社会体育指导员制度，加强社会体育指导员培训，实行分类指导和体育教学服务。

（五）体育活动服务

积极开展形式多样的群众性体育活动，丰富体育活动内容，提高体育活动效果。大力提倡体育项目创新，积极引进适合群众的新型体育项目，对深受群众欢迎、有较好健身作用的新体育项目进行资助。鼓励和支持举办各种体育竞赛、表演活动，吸引群众参与。

（六）信息咨询服务

加强健身宣传教育，为群众提供咨询服务。建立包括互联网、市民信箱、广播电视、报纸杂志等多渠道信息沟通网，加强健身服务信息化建设。以信息服务为主，构建全民健身服务平台，方便群众获得健身服务。

二、全民健身服务的特性

（一）福利性

全民健身服务带有社会福利色彩，表现为政府对纳税人的福利承诺和在公共利益维护方面的责任。公民享有公共健身资源的多少不取决于其身居何地、纳税多少，而是与公民享有基本权利一样，既不能被剥夺，也不存在特权阶层。

（二）便利性

政府按照配置均衡、规模适当、方便实用、安全合理的原则，科学规划和统筹建设全民健身场地设施，使群众可以随时随地进行健身锻炼。

（三）多样性

全民健身服务的多样性体现在多方面：一是健身服务和产品的丰富性，这样才能保障满足多形式的体育运动需求；二是服务对象需求的多样性，即健身服务内容需要满足不同人的健身需求；三是管理组织的多元性，具体表现在全民健身服务坚持以政府为主导的多元化体育组织管理服务体系。

三、全民健身服务的需求主体

全民健身服务的需求主体是全民健身服务体系形成和发展的动力,也是全民健身服务体系的核心,更是服务行为的对象或服务的接受者。全民健身服务的需求主体一般认为是个人、家庭、组织(企业、政府、团体)和其他一切需要服务的对象。全民健身服务的需求主体主要包括三个方面:国家、社会和个人。

(一)国家

人才竞争是我国面临的一个十分严峻的挑战。人是生产力中最活跃的因素,人力资源是第一资源。因此,提高全民族的健康素质,把我国从人口大国建设成为人力资源强国,是我国成为世界大国的重要战略选择。

(二)社会

体育健身以特有的强健体魄、休闲娱乐等多维功能成为人们喜爱和广泛参与的闲暇活动方式之一,成为推动和谐社会建设和发展的"调节器"和"安全阀"。发展体育的目的是实现体育与社会、经济、文化、教育、生态协调发展,提高全社会体育产品和服务的供给能力,满足人们日益增长的多样化体育需求,使每一位公民都有参与体育、享受体育的权利。

(三)个人

普及健身知识,宣传健身效果,弘扬健康新理念,把身心健康作为个人全面发展和适应社会的重要能力,树立以参与体育健身、拥有强健体魄为荣的个人发展理念,营造良好舆论氛围,通过体育健身提高个人的团队协作能力。引导发挥体育健身对形成健康生活方式的作用,树立人人爱锻炼、会锻炼、勤锻炼、重规则、讲诚信、争贡献、乐分享的良好社会风尚。

四、全民健身服务的供给主体

20世纪80年代兴起的新公共管理理论将传统的公共产品和公共服务的提供与消费两个环节转换为安排、生产、消费三个环节。根据经济学传统定义,供给是指生产者在一定时期、各种价格条件下愿意且有能力提供的某种商品的数量。构成有效供给的因素主要有两个:一是供给意愿,二是供给能力。根据以上两种理论,全民健身服务的供给主体包括四大类:个人、私人部门、非营利组织和政府公共部门。

(一)个人

这种供给方式的主体主要是指有一定体育健身基础的人,通过自学或他人传授后,根据自己的作息、爱好和身体条件选择合适的健身手段,以满足自身的健身需要。这类体育健身服务的供给一般对社会性设施和服务的依赖性较小,且消费成本相对较低。

(二)私人部门

私人部门属于营利组织,这类组织是以利润最大化为目标,提供体育健身服务只是为了获取利润。因此,只要愿意支付相应金钱的人都能获得这类组织提供的体育健身服务。私人组织的收入全部来自市场,受到利润的驱使,私人组织一般是主动发掘市场需求,主动为消费者提供服务,大多经营方式灵活,能有效地根据市场需求的变化提供体育健身服务,因而对市场需求的变化具有高度的敏感性,提供的体育健身服务也是最具个性化的。

(三)非营利组织

非营利组织也被称为公益性组织或志愿性组织,这类组织一般由体育社团、协会、俱乐部等机构组成。这类组织的资金主要来源于各种捐助,其提供体育健身服务的目的既不是利润最大化也不是消费最大化,而是满足人类基本的体育健身需求。非营利组织经常利用大量的志愿者和受过培训的专业人员开展广泛的活动,一般只向符合条件的人(如有同类兴趣爱好的会员)免费提供某些特定的体育健身服务。

（四）政府公共部门

政府公共部门供给的体育健身服务是指政府公共部门提供的非营利性体育健身服务，它们向公众提供服务时只收取成本价格甚至免费，它们提供体育健身服务的目的是消费最大化，是为了尽可能多地让人们享受到基本的体育健身服务，而不是获取利润。政府公共部门供给的体育健身服务一般是纯公共产品或半公共产品的体育健身服务，纯公共体育健身服务具有消费非竞争性和非排他性。

全民健身服务具有公共产品性质并不是政府免费供给的全部理由，因为政府并不是对所有的公共产品都会免费供给。只有当政府免费提供这类产品的社会收益高于社会成本时，政府才会免费供给。公共选择理论主张重新界定政府与市场、社会二者之间在提供公共产品与公共服务中的作用，主张缩小政府在提供公共产品与公共服务中的作用，扩大市场与社会在提供公共产品与公共服务中的作用；新公共管理理论主张引入市场机制，完善政府公共产品供给机制，提高政府公共服务的绩效。

第三节 体育强国视域下全民健身服务发展重点

一、完善公共体育服务体系

党的十九大报告中明确指出，保障和改善民生要抓住人民最关心最直接最现实的利益问题，既尽力而为，又量力而行，一件事情接着一件事情办，一年接着一年干。坚持人人尽责、人人享有，坚守底线、突出重点、完善制度、引导预期，完善公共服务体系，保障群众基本生活，不断满足人民日益增长的美好生活需要，不断促进社会公平正义，形成有效的社会治理、良好的社会秩序，使人民获得感、幸福感、安全感更加充实、更有保障、更可持续。体育健身作为群众生活的一部分，必须创建公共体育服务体系，以满足群众不断增长的体育需求。

（一）发挥政府主导作用，实现供给主体多元化

一是政府发挥统筹管理的作用。政府要从全面推进全民健身战略出发，将公共体育服务体系建设作为长期、系统性工程。完成公共体育服务体系建设不是一朝一夕的事，需要从地区人口分布、群众需求及体育设施等多个方面统筹考虑，将基础设施、产品生产与大众需求相衔接，全面推动公共体育服务体系建设。在加快公共体育服务体系建设中，政府发挥统筹管理作用，将全民获得公共体育服务作为根本，建立完整的法律法规运作机制，确保公共体育服务的持续性发展和公共体育服务体系的高效运转。

二是实现公共体育服务供给主体多元化。政府作为公共体育服务体系的创建者，在建设的过程中，应关注合作伙伴的利益及大众的需要，不断提升处理能力，确保公共体育服务协调有序，实现政府、企业等协调参与的公共体育服务，形成以政府为主导的多元化发展趋势。

（二）坚持以人为本，加强体育基础设施建设

一是提高现有体育场馆开放水平。加大体育场馆开放力度是确保公共体育服务体系建设的有效措施。因此，应以公共体育服务活动的需求为本，从群众的现实需要出发，有针对性地对各类体育场馆加以改造与修缮，在保证体育场馆的各项设置安全后，加大其开发力度。

二是提高公共体育场馆资源利用效能。体育场馆是群众参与体育健身活动的重要场所。全民健身活动的开展需要一定的场所，有些体育运动必须借助专业的场地与设备才能进行，因此应结合群众健身需要，拓展其发展空间，充分利用已有的场馆资源，为群众提供服务。

三是全面推进公共体育服务设施建设。全民健身活动的开展需要大量体育设施，因此在公共体育服务设施规划的过程中，应从群众的现实需要出发，尝试将健身融入群众生活，落实公共体育服务便民属性，建立社区健身场所、体育主题公园等，实现体育便民设施和生态环境相协调。

（三）创建信息服务网络，提供优质服务

一是加强服务信息化建设。应紧跟"互联网＋"时代的发展步伐，发挥信息化在推动全民健身事业中的作用；完善信息服务网络管理制度和信息化网络，加强信息化管理制度建设，让全民健身服务网络的各个环节实现有机统一，让群众从自身健身需要出发，不仅能了解健康方面的知识，也能了解健身场所的情况，共享信息化建设带来的高品质服务。

二是加强指导员管理网络建设。全民健身事业的发展需要大量的社会体育指导员。因此，应借助网络，从工作能力、知识积累等方面对其进行分类、分层管理，制定工作要求及职责，大力推行社会体育指导员服务的公益化与职业化，创建工作台账，记录管理网点的实际情况，科学调动社会体育指导员的积极性，提高全民健身体育指导员的服务质量。

二、统筹城乡、区域体育协调发展

发展是解决我国一切问题的基础和关键，发展必须是科学发展，必须坚定不移贯彻创新、协调、绿色、开放、共享的新发展理念，突出协调发展的重要性。作为惠及全体人民的全民健身事业，也需要实现城乡、区域统筹发展，全面提升发展效能，让新时代体育发展的成果惠及更多人。

（一）统筹城乡体育协调发展

一是加大宣传力度，提高公民健身意识。全面利用好相关宣传平台，做好体育产品开发工作，开辟公民接触体育知识的新路径。同时，加强体育文化建设，营造浓厚的体育文化氛围，鼓励更多的人参与体育健身活动。

二是科学确定协调发展的着眼点，合理分配体育资源。做好宏观调控，加大对农村地区的资金投入力度，大力发展富有地域特色的体育项目，激发体育市场活力，找准城乡体育协调发展的着眼点，合理分配体育资源。

（二）实现区域体育协调发展

一是制定区域体育协调发展政策。从一定程度来讲，区域之间全民健身事业发展的差距关键是人口分散、发展水平不平衡等因素导致的，要改变这一状况，除了当地政府大力发展体育事业，也需要中央制定利于中西部地区群众体育发展的政策，以缩小地区之间的发展差距。

二是构建全民健身发展的管理系统。不仅要设立全民健身发展的资金管理体系，制定资金使用的监督及审计制度，保证专款专用，在援助资金、设施产权管理范畴内避免资产流失，确保资产的安全和完整，也要对全民健身工程实施评估管理，对全民健身落实情况进行督查，创建电子信息管理体系，收集并汇总落实情况，及时交流各地经验及发展情况，推动全民健身事业发展。

三、推动全民健身活动向广度和深度拓展

当前，我国社会主要矛盾已经转化为人民日益增长的美好生活需要和不平衡不充分的发展之间的矛盾。为此，需要不断满足人民对幸福生活的新追求。

（一）创新公共体育服务模式

一是充分利用市场供给机制。市场在资源配置的过程中发挥决定性作用，市场借助价格的变化，能准确反映供求关系的变化，传达供求信息，做到资源科学配置。市场作为政府、企业与社会组织合作的纽带，通过不断完善市场机制，激发企业、社会组织承接公共服务的主动性与积极性。

二是发挥社会组织的服务功能。政府要完善财政资金保障制度，借助委托管理、合同立项及服务购买等方式，提高社会组织服务全民健身事业的能力。《全民健身条例》明确指出，国家推动基层文化体育组织建设，鼓励体育类社会团体、体育类民办非企业单位等群众性体育组织开展全民健身活动。

（二）丰富群众体育活动形式

以"全民健身日"等主题宣传活动为抓手，丰富全民健身活动的内容及形式，开展群众喜闻乐见的群众体育赛事活动，加快推动全民健康和全民健身事业深度融合与和谐发展。

一是关注全民健身的普及水平，开展主题活动。全民健身项目内容涵盖太极拳、羽毛球、广场舞、乒乓球等传统项目。因时、因地、因需要坚持开展经常性、普遍性、趣味性的全民健身活动，丰富活动供给。

二是鼓励群众组队参与全民健身运动会。通过举办趣味运动会，引导更多人加入体育锻炼活动。

三是遵循"因地制宜、业余自愿、小型多样、就近就便"的原则，组织开展以传统武术运动、冰雪运动、户外运动、群众登山等具有品牌特色、形式多样、丰富多彩的全民健身活动，不断创新活动形式和内容，提高活动普遍化、经常化、科学化、社会化水平。

2020年，习近平总书记在教育文化卫生体育领域专家代表座谈会上的讲话明确指出，要紧紧围绕满足人民群众需求，统筹建设全民健身场地设施，构建更高水平的全民健身公共服务体系。要推动健康关口前移，建立体育和卫生健康等部门协同、全社会共同参与的运动促进健康新模式。要坚持健康第一的教育理念，加强学校体育工作，推动青少年文化学习和体育锻炼协调发展，帮助学生在体育锻炼中享受乐趣、增强体质、健全人格、锻炼意志。要探索中国特色"三大球"发展路径，持续推进冰雪运动发展。要推动体育产业高质量发展，不断满足体育消费需求。要加快推进体育改革创新步伐，更新体育理念，借鉴国外有益经验，为我国体育事业发展注入新的活力和动力。要创新竞技体育人才培养、选拔、激励保障机制和国家队管理体制。

人民健康是民族昌盛和国家强盛的重要标志。在新时代加快推进体育强国建设过程中，大力发展全民健身事业，不断满足广大人民群众日益增长的体育需求，全面共享体育运动的权利，享受体育健身带来的快乐，身体健康，人才能有精气神，才能在新时代永葆朝气。开创全民健身事业的新局面，要始终坚持以习近平总书记关于全民健身事业的科学论述为理论指导，以公共体育服务体系建设为依托，注重城乡、区域和谐发展，善于结合新时代社会主要矛盾的变化以及广大群众的体育诉求，让全体人民在体育获得感方面日渐增强，共享体育发展的成果。

第四节 体育强国视域下全民健身高质量发展

一、补齐短板,实现全民健身服务供给标准化、均等化发展

(一)夯实基础,完善全民健身公共服务标准体系建设

全民健身公共服务标准体系是实现均等化发展的前提和保障,政府需要围绕全民健身公共服务存在的问题,探索建立与经济社会发展相适应的涵盖公共场地设施、服务供给、人才培养等内容的全民健身公共服务标准体系。各地以此为依据,结合本地实际情况,制定全民健身公共服务标准,缩小城乡、区域、人群间的供给差距,保障全民健身均等化发展。结合国家颁布的全民健身政策,各地方要广泛听取多方意见,着力构建"政府引领、市场驱动、社会参与"的全民健身公共服务标准化工作新格局。

(二)补齐短板,促进全民健身公共服务均等化发展

一是以东部地区全民健身繁荣发展的经验为参照,总结先进典型和成功案例,引导先进地区采取指导、合作等多种帮扶举措,助力落后地区形成自身特色鲜明的全民健身高质量发展道路。同时,重视构建区域间全民健身一体化发展新格局,统筹协调区域内优质资源,实现优势互补。

二是政府坚持"普惠"与"精准"并重,鼓励和引导城市全民健身优质资源向农村延伸与辐射,依托农村土地、文化等资源优势,建设体育特色小镇、体育特色公园等全民健身新空间,形成体旅、体养等多业态融合的乡村特色体育发展模式,以此完善乡村基础服务资源配置,助力乡村振兴。

三是树立全龄友好理念,根据经济水平、人口分布、资源特色实施不同区域、类型、规模的全民健身公共服务差异化供给,尤其聚焦特殊群体的健身需求,体现全人

群、全过程的关怀理念；推进"15 分钟健身圈"建设，为民众提供绿色环保的体育场地设施，形成具有地方特色的全民健身服务高质量发展新模式。

二、主动健康，朝着全民健身融合化、生活化方向迈进

体育强国建设需要汇聚全社会的力量，应通过协作发展和共建共享等举措凝聚社会力量，拓展体育发展空间，挖掘体育可持续发展活力与潜力。因此，全民健身服务高质量发展应朝着全民健身融合化、生活化方向迈进，助力实现体育强国目标。

首先，政府要着力破除体制机制障碍，以主动健康理念改革体制机制，完善法律法规；为保证政策有效实施，各地要出台全民健身与全民健康融合的具体实施方案，通过政策细化、进度安排、责任分配、组织保障，推进跨区域、跨部门、跨组织的协同治理机制建设，不断拓展全民健身与全民健康融合的深度与广度；落实新建和改建体育场地、体育公园等全民健身基础设施的指标要求，为全民健身活动的开展营造良好环境。

其次，树立主动健康理念，提升民众体育健康素养。政府要发挥引领作用，积极与体育社会组织、企业等社会力量合作，通过举办全民健身大讲堂、组织全民健身赛事等多元途径，就全民健身科学知识、体育运动的功能等内容加大宣传普及力度，尤其重视提升老年人、残疾人等特殊人群的体育健康素养，大力倡导健康生活方式，培养民众科学健身习惯。

最后，地方政府要大力整合体育领域的人才资源，鼓励组建全民健身公益团队，对社会体育指导员开展公益培训，破解全民健身人才质量不高、知识储备不足等难题，注重对复合型专业人才的培养。政府发挥引导作用，采用"校企""政企校""政校"等多种合作模式，共建"产学研用"一体化培养模式，联合培养体育与教育、医疗、康养等领域融合的创新型人才，为全民健身和全民健康深度融合提供人才支持。

三、提质增效，助推全民健身智慧化、数字化革新

伴随着科学技术的迭代升级以及智慧城市的加速建设，人工智能、大数据、云计算等新兴技术在体育领域得到广泛应用。要充分重视利用数字技术赋能全民健身服务高质量发展，支持全民健身智慧化建设，拓展全民健身新阵地，探索全民健身提质增效的智慧化、数字化新路径。

（一）完善全民健身智慧化、数字化顶层设计

一是政府制定全民健身智慧化供给发展规划，完善全民健身数字化人力保障、财政支持等配套政策，尤其对农村地区给予政策和资源倾斜，将全方位政策保障落实于全民健身数字化发展全过程、全周期。

二是重视数据安全法律体系建设，完善全民健身数字化资源收集、数据开发、共享开放等安全标准，加强对全民健身数字技术、设备和服务提供者的风险评估和系统管理，为科技赋能全民健身高质量发展提供法律保障。

（二）加大供给力度，创新全民健身智慧化供给模式

在公共场地设施供给上，将现代信息技术融入体育场馆、体育公园等建设运营全过程，实现线上线下互联互通，提升全民健身载体的服务能力与水平。具体来说，可从以下几个方面着手：

一是积极组织开展"云健身"体育赛事活动，并根据不同人群的健身需求，提供"菜单式""点单式"服务，推动全民健身供给与民众实际健身需求精准对接。

二是加大数字智能化体育设备的研发投入，积极创设智慧化、数字化运动场景，提高群众的实际体验感，最大程度地发挥全民健身智慧化服务效能。

（三）加快数字化基础体系建设，优化全民健身服务布局

一是政府利用网络化、智能化技术重塑服务流程，在提升全民健身服务效率的同时，通过对每年全民健身的预算支出、项目购买明细、承接主体遴选等信息的及时公开，提升全民健身治理绩效评估的可视化水平，形成全民健身治理效能提升新模式。

二是政府积极发挥现代信息技术优势，建设标准统一、互联互通的全民健身公共服务平台，通过全民健身和数字化的紧密融合，充分挖掘民众潜在的健身服务需求，缩短供需距离，实施精准供给，以不断完善供给内容、优化服务布局，有效提高资源配置效率，持续保障全民健身服务高质量发展。

四、多元协同，促进全民健身治理能力与水平提升

实践表明，现阶段单单依靠政府提供全民健身服务，已无法满足人民对美好生活的需要，因此需要构建政府、社会组织、市场等多元主体协同联动的全民健身共建、共治、共享新格局。

首先，政府需要全面认识新时代全民健身工作的复杂性、民众健身需求变化的新趋向，以及全民健身高质量发展对构建新发展格局的重大意义，构建以人为本的服务型政府，将切实保障人民根本利益、满足人民对美好生活的需要作为根本价值追求；加强党建引领，强化理念引导，增强政府部门对全民健身高质量发展的责任意识，深入探索全民健身多元供给方式，提高全民健身公共服务供给质量。

其次，建立全民健身工作责任体系，重视市场、社会等治理主体的作用，厘清各主体的权责边界，充分发挥政府在全民健身服务中的主导地位，市场在资源配置中的决定性作用。建立协商推进机制，提供税收优惠、财政补贴等政策支持，保障多元主体参与治理活动机制顺畅。丰富社会力量全民健身公共服务供给的内容与方式，推行政府购买、合同委托、服务外包等供给机制，加快构建主体多元、方式多样的全民健身服务供给新格局，促进全民健身服务高质量发展。

最后，加强全民健身服务监督评价体系建设，各地政府通过积极与高校、科研机构合作，引入第三方监督机构和评估机制，定期对区域内全民健身服务工作进行全方位、全过程的绩效评价。

全民健身服务高质量发展既是满足人民对美好生活需要的重要抓手，也是体育事业现代化发展的基础保障。面对新征程、新任务，全民健身服务事业需要补齐短板，倡导主动健康、提质增效，着力推进全民健身与全民健康融合发展，逐步实现全民健身治理能力和治理水平现代化，为实现体育强国目标奠定坚实基础。

第三章　体育强国视域下全民健身公共服务存在的问题及解决思路

第一节　体育强国视域下全民健身公共服务存在的问题

自全民健身国家战略实施以来，全民健身公共服务质量大幅提升。2022年，中共中央办公厅、国务院办公厅印发《关于构建更高水平的全民健身公共服务体系的意见》，为完善我国全民健身公共服务体系提供了更加全面的制度保障，我国全民健身事业迈上一个新台阶。但全民健身的均衡性问题仍然存在，体育事业内部发展不平衡、不充分问题长期得不到有效解决，与人民群众美好生活的体育需要尚存差距，这是当前亟待摆脱的发展困境。

党的二十大报告提出，到2035年，基本公共服务实现均等化，人的全面发展、全体人民共同富裕取得更为明显的实质性进展。这为提升全民健身公共服务的"质"和"效"指明方向。新时期新征程，全民健身公共服务仍面临不平衡、不充分的问题，提升全民健身公共服务发展平衡性和协调性的任务艰巨繁重，体现了社会主义的本质要求，是促进全民健身高质量发展的必由之路。

一、全民健身公共服务不平衡

全民健身公共服务不平衡问题与我国的历史、文化、地理等诸多因素密切相关。全民健身公共服务发展不平衡，严重影响人民群众公平享有全民健身发展成果。总体而言，全民健身公共服务不平衡主要表现为以下三个方面：

第一，区域间发展不平衡，东部、中部、西部地区间存在较大差距。我国地域辽阔、东西跨度大，区域间发展不平衡问题由来已久，各地区全民健身发展状况大不相同，全民健身公共服务水平也参差不齐，成为不平衡问题的主要表现之一。以人均体育场地面积为例，我国四个主要地区的体育场地发展呈现较为明显的不平衡现象。此外，同一地区内的不同省市之间也存在较大差异。《关于构建更高水平的全民健身公共服务体系的意见》明确指出，到2025年，人均体育场地面积达到2.6平方米。目前，东部地区达标比例高于其他地区。除人均体育场地面积外，在体育社会组织数量、每万人拥有社会体育指导员人数、全民健身场馆数量等方面，不同地区间也存在较大差异。

第二，人群间发展不平衡，不同性别、不同年龄人群参与全民健身活动的状况大不相同。世界卫生组织《关于身体活动和久坐行为的指南》推荐老年人定期进行身体活动，成年人每周进行300分钟左右的有氧活动，儿童每周进行400分钟左右的中高强度身体活动。国家国民体质监测中心发布的《2020年全民健身活动状况调查公报》显示，儿童青少年经常参加体育锻炼人数比例为55.9%；成年人经常参加体育锻炼人数比例为30.3%，其中40~49岁年龄组的比例最高，为31.7%；老年人经常参加体育锻炼人数比例为26.1%。《2022国民健身趋势报告》显示，青少年健身者肌肉力量训练课程平均用时15.44分钟，成年健身者为20.07分钟，老年健身者则为41.72分钟。在有意识进行力量训练的健身者中，男性与女性的比例接近2∶1。当前，全民健身公共服务的适老化、适幼化等方面均存在一定不足，难以满足不同人群的健身需求。

第三，项目间发展不平衡。总体来看，与奥运项目相关的全民健身活动开展效果较好，非奥运项目和部分民族传统体育项目的推广和普及受到较大制约。《2023年全国体育场地统计调查数据》显示，全国共有体育场地459.27万个，其中，篮球场地117.64万个，乒乓球场地101.49万个，羽毛球馆27.79万个，全民健身路径105.22万个，其余体育场地均不超过20万个。自北京2022年冬奥会之后，"三亿人参与冰雪运动"从愿景逐步变为现实，冰雪运动已从小众情致走向大众视野，参与空间从地区走向全国，参与时间从冬季变为全年，参与人群热情高涨。与上述项目形成鲜明对比的是部分非奥运项目、"冷门"项目及民族传统体育项目，受经费、场地、技术水平等因素的制约，发展水平有待提高，部分小众健身项目社会影响力不强、宣传不够，导致大众关注度不高，限制了其发展空间。

二、全民健身公共服务不充分

不充分问题是发展总量的问题，体现为发展效率和发展程度不够高。我国全民健身公共服务不充分问题主要表现为以下三个方面：

第一，政策落实不到位。1995年，国务院颁布《全民健身计划纲要》，成为国家发展全民健身事业的一项重大决策。2014年，全民健身上升为国家战略。在此基础上，《全民健身计划》滚动实施，为中国特色群众体育发展提供重要政策支撑。然而，在实际执行中，地方落实中央文件精神存在"打折扣"现象。例如，《全民健身计划（2016—2020年）》明确要求，新建居住区和社区要严格落实按"室内人均建筑面积不低于0.1平方米或室外人均用地不低于0.3平方米"标准配建全民健身设施的要求，确保与住宅区主体工程同步设计、同步施工、同步验收、同步投入使用，不得挪用或侵占。然而通过调研走访发现，部分城市中心社区的体育用地情况并未达到以上要求，政策执行情况不容乐观。一方面，地方政府对全民健身政策"重传达、轻落实"，上级文件虽做出明确规定，但地方缺少配套实施方案，未明确各方职责分工，影响全民健身政策实施的效力；另一方面，"重形式、轻内容"的情况始终存在，一些地方虽出台相关配套政策，对体育场地的使用提出要求，但实际情况是部分老旧社区由于缺乏管理，健身场地使用不规范，经常性被占用或挪作他用，导致群众无法正常开展健身活动，这也是体育场地利用率偏低的重要原因之一。

第二，部分地方政府对"将全民健身事业纳入各级国民经济和社会发展规划、将全民健身事业经费纳入各级财政预算、将全民健身工作纳入各级政府年度工作报告"（简称"三纳入"）落实不到位。同时，部分地方政府对"三纳入"执行不力，导致基层全民健身公共服务工作缺乏经费保障。

第三，人员配备不充足，缺少专业的社会体育指导员。社会体育指导员数量是全民健身公共服务发展的重要指标。专业的社会体育指导员缺乏的主要原因包括：国内社会体育指导员岗位门槛普遍较低，缺乏完备的考核机制，初中及以上学历通过培训考试合格即可获得认证资格；收入偏低导致队伍上岗率普遍较低；国内虽不乏高校在本科或研究生层次开设社会体育指导与管理相关专业，但部分院校的培养方案的针对性、操作性、实用性不够，与社会需求接轨不足，导致学生毕业后对专业的认可度不高，并未从事该领域工作。人才培养质量不佳必然会导致社会体育指导员的专业性不足，难以真正为群众提供科学有效的健身指导。

第二节　体育强国视域下全民健身公共服务问题的解决思路

面对全民健身公共服务不平衡、不充分的问题，要以高质量发展为主线，坚持以新发展理念引领全民健身公共服务发展，不断提升人民群众的获得感、幸福感。

一、将促进全民健身公共服务高质量发展作为根本任务

党的二十大报告明确指出，高质量发展是全面建设社会主义现代化国家的首要任务。2023年中央经济工作会议要求，必须把坚持高质量发展作为新时代的硬道理。推动全民健身公共服务高质量发展事关体育强国和健康中国建设的战略全局。因此，要贯彻落实全民健身计划，坚持和加强党对全民健身工作的全面领导，坚持以人民为中心的发展思想，坚持统筹城乡、服务便利、运行高效、保障有力的基本原则，不断满足人民群众日益增长的多元健身需求。

在场地设施方面，深入实施全民健身场地设施提升行动，加大公共体育设施供给和公共体育场馆免费开放力度，努力实现县（市、区）、乡镇（街道）、行政村（社区）三级公共健身设施和社区"15分钟健身圈"全覆盖，推进智慧化健身设施建设。

在服务指导方面，充分发挥各级体育社会组织的作用，增加专业健身指导服务，丰富科学健身指导方式，积极引导社会体育指导员、社区运动健康师等提供人性化服务，推进全民健身与全民健康深度融合。

在赛事活动方面，打造观赏性强、参与度高的体育赛事，鼓励各地区因地制宜开展丰富多彩的体育赛事活动，推动"体育赛事进景区、进街区、进商圈"，构建多层次、多样化的赛事活动体系。

在体制机制方面，加强政府部门"放管服"改革，健全全民健身联席会议工作制度，完善"开门办体育、开放办体育、放手办体育、全社会办体育"的体育发展新模式，促进全民健身公共服务在城乡间、区域间、人群间均衡发展。

二、将完善全民健身公共服务标准化体系作为重要抓手

构建更高水平的全民健身公共服务体系，是新时代满足人民日益增长健身需求的重要基础，是实现健康中国、体育强国建设目标的重要支撑，是满足人们美好生活向往的重要内容。中共中央办公厅、国务院办公厅联合印发的《关于构建更高水平的全民健身公共服务体系的意见》坚持问题导向，以人民为中心，从全民健身发展的实际出发，对未来一段时间构建更高水平全民健身公共服务体系做出系统安排。其中明确提出要"提高全民健身标准化科学化水平，完善全民健身公共服务标准体系"。标准化在推进全民健身事业发展中发挥着基础性、引领性作用，是构建更高水平全民健身公共服务体系的重要抓手。《关于构建更高水平的全民健身公共服务体系的意见》所体现的标准化思维、提出的标准化举措、践行的标准化理念，对于推动全民健身公共服务高质量发展意义重大，具有较强的引领性、针对性和可操作性。

"为政之道，以顺民心为本，以厚民生为本"。构建更高水平的全民健身公共服务体系并不仅仅是数字的增长和指标的堆积，而是要真正做到发展成果为人民所享，造福全民、服务全民，提升人民群众的健身"获得感"。过去一段时间，由于没有可供参照的标准，各地区在推进全民健身公共服务发展过程中随意性较强，很难保障发展成果与人民需求的相互匹配。此外，标准的缺失也使得人民群众对全民健身公共服务缺乏认知，难以对其发展准确判断。以人民群众的基本健身诉求为导向，结合经济社会发展的现实情况构建全民健身公共服务标准体系，不仅能为全民健身公共服务的发展提供指引，使人民群众的健身权益得到更好的保障，也能让人民群众在享受、维护自身健身权益时有明确的参照标准，有效提升人民群众对全民健身公共服务的"满意度"。

长期以来，由于缺乏统一的指导标准，各地区在推动全民健身公共服务发展时缺乏依据，发展质量难以保障。制定全民健身基本公共服务国家标准并动态更新，能够在场地设施开放、健身服务信息获取、赛事活动供给等方面为群众健身权益的获取提供兜底保障。围绕健身场地设施、器材装备、赛事活动、体育培训等关键领域研制、修订相关标准，健全统计监测制度，为构建更高水平全民健身公共服务体系提供依据，推动全民健身规范、科学发展，为人民群众创造安全、适宜的健身环境。

全民健身基本公共服务是公共体育服务中的核心部分，与人民群众的切身利益密切相关，是每个人都应平等享有的基础性公共服务。由于历史发展原因，全民健身公共服务所涉及的场地设施、资金投入、人力资源、组织资源等在城乡、区域间依然存在不同程度的差距，不同人群的服务受益度参差不齐。完善全民健身公共服务标准体系，能够为各地区全民健身基本公共服务提供兜底标准。在此基础上对各地区"查缺补漏"，制定相应的"补短板"计划，发挥中央预算内投资的引导和撬动作用，加强地方财政支持力度，吸引社会力量参与，形成多元化资金保障体系，对全民健身公共服务的均衡发展进行制度设计与财政兜底，保障各地区人民群众公平享有符合国家标准的全民健身基本公共服务。

推进全民健身公共服务高质量发展必须以标准的"可实现"为原则，否则只是一纸空谈。相关部门及地方政府应在对群众健身需求和经济社会发展情况准确把握的基础上，以"标准不攀高、财力有保障、服务可持续"为着眼，立足"覆盖全民，公益导向"的发展原则，逐步建立完善全民健身公共服务标准体系，夯实全民健身公共服务标准化的发展基础。围绕标准落实需要，在组织领导、因地制宜、支撑条件、法治保障、督促落实等方面进行制度性设计，做到各项指标和政策贴近实际、务实管用，确保全民健身标准化过程中的每一项要求有人做、能推进、可监控，使构建更高水平全民健身公共服务的发展目标在全国范围内贯彻落实，切实保障人民群众健身权益。

三、将加快全民健身公共服务创新发展作为第一动力

创新是发展的不竭动力，实现全民健身公共服务均衡、可及，既要守住根本，更要创新。具体来说，可从以下几个方面着手：

一要坚持全民健身公共服务创新发展的理论指导。坚持以习近平总书记关于全民健身的重要论述为指导，深入领会全民健身国家战略的重要内涵，把人民健康放在优先发展的战略地位，落实全民健身国家战略，不断提高人民健康水平。

二要注重全民健身公共服务创新发展的科技支撑。发展新质生产力，广泛运用人工智能、区块链等新兴科技手段，整合线下与线上健身资源，解决群众健身问题，智慧化赋能全民健身高质量发展。持续优化健身数据采集的流程，制定体育场馆数字化建设的行业标准，提高数字化服务平台的资源整合能力，构建统一全面的健身数据标准，完善数据分级分类管理机制。通过加快构建全国统一的全民健身信息服务平台，实现"国家—省—市—县"四级联动，有效满足人民群众的健身需求。

三要营造全民健身公共服务创新发展的文化氛围。大力推广全民健身新文化、新理念，为广泛开展全民健身活动、提供优质的全民健身公共服务贡献精神力量。坚持中国功夫、太极拳等百姓喜闻乐见的传统体育项目的守正与创新，在新时代赋予传统体育健身项目新的文化内涵。

四、将实现全民健身公共服务协调发展作为内在要求

协调是发展的内生特点，实现全民健身公共服务协调发展是促进全民健身公共服务公平、可及的重要手段。面对我国全民健身供需矛盾依然突出，全民健身公共服务水平差异较大，资源闲置与需求紧缺并存，健身服务多元协同格局尚未形成等问题，着力处理好效率与公平、长远与当前、全面与试点、内建与外引的关系，加快构建全民健身公共服务多元供给格局势在必行。

充分发挥各级全民健身协调机制的作用，鼓励社会力量积极参与，探索多种手段推动体育社会组织发展，形成党委领导下的政府、社会、个人协同发展，共建共享的全民健身公共服务发展格局。同时，推动全民健身公共服务资源向革命老区、民族地区、边疆地区等欠发达地区倾斜，做好全民健身援藏援疆、定点帮扶等工作。促进东部、中部、西部地区全民健身公共服务协调发展，将全民健身公共服务融入经济社会发展各领域，推动全民健身与教育、医疗、卫生、康养、旅游等深度融合，形成多元化供给、全社会共享的全民健身高质量发展格局。

五、将助力全民健身公共服务绿色发展作为普遍形态

绿色是全民健身的底色，站在人与自然和谐共生的战略高度谋划全民健身公共服务发展，必须将绿色发展贯穿始终，打造绿色便捷的全民健身新载体。要以"绿水青山就是金山银山"理念打造健身服务绿色"新景象"。发挥全民健身绿色健康、低碳环保的天然属性，推动全民健身公共服务高质量发展，为城乡建设增绿添金、点绿成金，为促进人的全面发展、创造美好生活绘就绿色图景。开发特色鲜明、丰富多样的全民健身生态赛事，打造一批高质量户外运动目的地，深入实施"户外运动 活力山水"行动计划。总结基层群众性赛事的先进经验，持续繁荣乡村体育文化，挖掘绿色示范带健身休闲资源，将健步走、马拉松、绿道骑行等赛事活动融入绿水青山，以体育之力拓展绿水青山转化为金山银山的途径。

六、将推动全民健身公共服务开放发展作为必由之路

开放是提升体育竞争力的必然选择，新时代全民健身对外交流要立足中华民族伟大复兴战略全局和世界百年未有之大变局，为体育强国建设服务。

在对外开放方面，深化体育人文交流，打造全球伙伴关系网络，承办更多具有国际影响力的高水平国际体育赛事，以奋发有为的姿态参与国际体育事务，提升全民健身公共服务水平。广泛开展全民健身领域的国际交流，积极参与全球体育治理，以北京冬奥会、冬残奥会的成功举办为契机，巩固与发展同国际体育组织的友好关系，积极借鉴世界体育发达国家在大众体育服务方面的有益做法。加快推进全民健身专业类人才的"请进来、走出去"工作，努力提升我国在国际上的影响力。

在对内开放方面，促进竞技体育与全民健身协同发展，推动竞技体育成果惠及全民。健全专业教练、优秀运动员进校园、进社区、进课堂制度，为群众提供更加专业的健身指导。整合社会资源，让全民健身人才、资本、信息、技术等关键要素在区域间、城乡间、人群间加速流动，办好"国球进社区""国球进公园"等全民健身示范活动，为构建更高水平全民健身公共服务体系提供多元支撑。加大全民健身基础设施

建设力度，引导地方在城市社区、公园中配建以小型设施为主的健身设施，加快建设"15分钟健身圈"。

七、将保障全民健身公共服务共享发展作为最终目标

中国共产党坚持以实现共同富裕为目标，逐步建构由"普惠可及"到"公平均等"再到"优质共享"的公共服务制度体系。全民健身公共服务共享发展需要从根本上体现以人民为中心的发展思想，满足人民群众多样化的健身需求，将助力共同富裕作为重要基础，保障全体人民参与健身活动的基本权利，确保群众共同享有全民健身的发展成果。重点围绕破解群众"健身去哪儿"难题，在统筹区域发展、搭建人民群众体育舞台等方面下功夫。提高全民健身标准化、科学化水平，营造人人参与体育锻炼活动的社会氛围，夯实百姓参与全民健身活动的物质基础，努力打造群众身边的体育生态圈，推进体育公园建设。促进健身场地全面开放共享，鼓励有条件的学校进行"一场两门、早晚两开"体育设施安全隔离改造，打通全民健身服务"最后一公里"。以促进人的全面发展作为根本理念，强化法治保障，注重因地制宜，打造健身服务新理念、新方式、新路径。

解决全民健身公共服务不平衡、不充分问题是促进全民健身高质量发展的内在要求，是加快建设现代化体育强国的重要基石，也是满足人民体育需求的题中之义。党的二十大开启了推动共同富裕取得更为明显的实质性进展的新征程，在这样的大背景下，更需要将提升全民健身公共服务的均衡性和可及性作为当前和今后体育发展的重要任务，推动实现全民健身公共服务覆盖更加均衡、品质明显提升、效果更加显著。

体育承载着国家强盛、民族振兴的梦想。体育强则中国强，国运兴则体育兴。加快建设体育强国，就要坚持以人为中心的思想，把人民群众作为发展体育事业的主体，把满足人民群众的健身需求、促进人的全面发展作为体育工作的出发点和落脚点，实施全民健身国家战略，不断提高人民群众的健康水平。

第四章 体育强国视域下多元化全民健身服务体系及其建设的现实基础和方向

第一节 多元化全民健身服务体系的内涵和结构

一、多元化全民健身服务体系的内涵

（一）学术界对多元化全民健身服务体系内涵的理解

近年来，与全民健身服务体系相关的研究越来越多，学术界对多元化全民健身服务体系内涵的界定经历了一个复杂的过程。

全民健身和全民健身体系概念的提出是多元化全民健身服务体系内涵表达的基础。全民健身突出强调体育运动的全民性、健身性，是我国群众体育举国体制的具体体现；全民健身体系是在《全民健身计划纲要》中首次提出的，学术界将其论域基本定位在满足民众需求的服务和保障体系范畴内。

从公共服务的视角看，全民健身服务是为满足公众健身需求而提供的公共体育服务，是公共体育服务的一种形式，重点强调其"服务性、保障性"的特征。而全民健身服务体系是在我国大力推进服务型政府建设的时代背景下提出的，是新形势下对全民健身体系的继承和发展。

学术界主要从性质、功能和目的方面界定多元化全民健身服务体系的内涵。具体表现为：将政府领导、部门组织、多行业通力合作，社会力量兴办，体现公平性、公正性、公益性作为多元化全民健身服务体系的本质属性；将有利于提高群众健身意识、培养群众健身习惯、营造良好的健身氛围、增强群众体质看作多元化全民健身服

务体系的主要功能；将为全体国民参与体育健身活动提供良好的健身环境和条件，满足不同区域、不同人群多元化的体育健身需求，使全体国民健康素质得到明显提高理解为多元化全民健身服务体系构建的目的。

研究者立足不同的时代背景，采用不同的分析视角，借助不同的理论对全民健身服务体系的内涵进行了研究，揭示出了特定时期学术界对全民健身服务体系本质属性的深刻认识和理解。但在对多元化全民健身服务体系的界定上仍有几点值得商榷之处：

第一，将公益性界定为多元化全民健身服务体系的特有属性，不能准确反映当前全民健身事业发展的实际情况，只能使人们对全民健身服务体系的理解趋向表面。这也是长期以来我国全民健身工作一直未摆脱按计划经济办事和政府包揽的思维定式的根本原因。

第二，未能从多元性特征出发界定多元化全民健身服务体系的内涵。多元化的提出是为了进一步完善我国社会主义市场经济体制，加速我国群众体育事业的社会化、产业化进程。因此，在内涵的界定上，应从性质、任务、功能、特征、结构和目标等多维角度阐述多元化全民健身服务体系的社会化、产业化等多元特征。

（二）对多元化全民健身服务体系内涵的认识

1.对"性质"的认识

长期以来，群众体育在我国一直被认为是纯粹的公益性事业。所谓公益性就是指公共的利益，而公共是指归属于人民大众。在社会主义市场经济体制下，虽然多元化全民健身服务体系遵循的是国家和社会共建的原则，但是各级政府总体上还是把全民健身事业作为一项公益性事业在抓。经济社会学家认为，一项活动属于公益还是私益，关键看其产出的是公共产品还是私人产品。如果产出的是公共产品，就是公益活动，相应地提供这类产品的部门就是政府；如果产出的是私人产品，就是私益活动，相应地提供这类产品的部门就是市场；如果产出的产品，部分属于私人产品，部分属于公共产品，就是混合产品，相应地提供这类产品的部门就应该是"第三部门"（也称"非营利组织"）。而在现实中，我国全民健身事业既有政府提供的公共产品部分，也有"第三部门"提供的混合产品和各类市场主体提供的私人产品部分。且从三种产品的供给总量和结构上看，目前，政府提供的公共产品局限于用彩票公益金建设的公共体育设施和开展的活动,不仅总量有限,而且结构单一,分布也不均衡;而"第三部门"和各类健身娱乐市场提供的混合产品和私人产品不仅在总量上超过政府提供的公共产品,而且在结构上,尤其是在种类、档次的可选择性上,也远远优于政府提供的公共产品。因此,从实践上看,我国全民健身服务体系的供给主体不是单纯由政府包办,而是集政府、市场和"第三部门"三者于一体。从我国目前市场经济的体制定位和实力定位来看,市场提供的私益性活动和"第三部门"提供的非营利性活动已成为全民健身服务体系供给的重要方面。

事实上,如果把全民健身事业看作纯粹的由政府主导的公益性事业,这在全民健身计划推行初期提出是符合我国经济社会发展实际的。如果把全民健身事业看作"只能"或者"主要"靠政府包办,过分强调政府财政投入,依靠行政力量组织动员,不重视发挥市场主体作用的纯公益性事业,不仅会造成政府单一的供给能力与人民群众不断增长的体育健身服务需求矛盾日益突出,还会制约多元化全民健身服务市场的发展。明确这样的定位对厘清现阶段我国全民健身事业的发展思路,探讨多元化全民健身服务体系的结构是不可或缺的环节。

2.对"多元化"内涵的理解

"多元化"是近年来在多种学科领域频繁出现的字眼。在本体论中,如中国古代的五行说,把金、木、水、火、土五种元素说成世界的本原;在认识论中,主张真理是多元的,否认客观真理;在历史观上,认为政治、经济、法律、道德、文化对社会多元化发展具有同等的意义。由此可见,单个因素不能称为"多元","多元化"必须是两个或两个以上元素构成的一个系统。因此,多元化全民健身服务体系从词义上理解,它不是由单一的全民健身服务体系构成的,而是由两个及以上具有同等意义的全民健身服务体系构成的整体。

近年来,有学者从特征和结构上探讨多元化全民健身服务体系的"多元性",例如,裴立新认为多元化全民健身服务体系应包括支付支持的多元化、组织管理的多元化、服务对象的多元化、服务内容的多元化、投资主体的多元化和信息服务的多元化;肖林鹏认为多元化全民健身服务体系应包括全民健身活动体系、全民健身组织体系、全民健身场地设施体系、全民健身信息体系、全民健身科学指导体系、全民健身资金体系、全民健身政策法规体系、全民健身监督反馈体系和全民健身绩效评价体系。

笔者从"性质、任务、功能、特征、结构和目标"六个方面理解多元化全民健身服务体系的内涵。

（1）性质的多元化

多元化全民健身服务体系兼具公益性、私益性和非营利性三种属性，是一种由政府领导、市场参与、"第三部门"通力合作，社会力量兴办的社会服务和保障体系。

（2）任务的多元化

多元化全民健身服务体系既要满足全体国民体育健身的基本需求，又要在体育服务方面实现"惠及十几亿人口"。

（3）功能的多元化

一方面，多元化全民健身服务体系为全体国民提供体育健身的基本环境和条件；另一方面，多元化全民健身服务体系要求在体育生活方面实现"人民生活更加殷实"。

（4）特征的多元化

多元化全民健身服务体系具有全面性、系统性、多元性、服务性、保障性和平民性的特征。

（5）结构的多元化

多元化全民健身服务体系既包含政府部门提供的公益性服务体系，又包含私营部门提供的私益性服务体系和"第三部门"提供的非营利性服务体系。

（6）目标的多元化

多元化全民健身服务体系要求：一是缩小城乡、区域之间的健康差异，保障广大城乡居民享有基本体育服务；二是实现体育与卫生、医疗、文化、教育等部门的通力合作，提高城乡居民的生活质量。

通过以上分析，笔者试图将多元化全民健身服务体系定义为在我国社会主义市场经济条件下，建立在广大人民群众对体育健身服务需求的基础上，能够为不同人群提供多种体育环境和条件，以增强人民体质、提高人民生活质量、促进社会和谐为终极目标，由政府领导、市场参与、"第三部门"通力合作，社会力量兴办的融公益性、私益性和非营利性等多元属性于一体的社会服务和保障体系。

二、多元化全民健身服务体系的结构

多元化全民健身服务体系不仅与经济、政治、科技、教育等方面相互联系，而且在其内部有很多子系统，各个子系统之间相互联系、相互作用，共同构成一个有机整体。多元化全民健身服务体系不仅包括建设主体和组织构成的多元化，也包括服务对象、活动内容及形式的多元化。

公共管理学认为，社会组织由三部分组成，即政府部门、私营部门和第三部门（非营利组织），它们分别是政治、经济和社会领域的组织代表形式。目前，我国正经历一个由政府高度集权的"大政府、小社会"逐步向政府部门、经济营利部门、社会第三部门等共同发展的"小政府、大社会"的政府职能转变的过程。为此，多元化全民健身服务体系也应在这种变革的背景下，主动适应社会的需要，积极探求新的供给途径。

（一）政府部门提供的"公益性"服务体系

"公益性"全民健身服务体系是以政府为主导，为公众提供体育健身服务的保障体系和服务体系。它以注重社会公共利益为首要目标，不以营利为目的，主要向公众提供体育健身服务，既能增进人与人之间的感情交流，协调人际关系，又能积极推进和谐社会的构建，兼具体育事业和公益事业的性质，是多元化全民健身服务体系的重要组成部分。

结合以上分析，笔者从两个部分十四个层面划分公益性全民健身服务体系的结构，如图4-1所示。这种划分方式既能反映我国全民健身服务体系公益性的本质属性，又能反映我国服务型政府建设的基本要求，还能体现全民健身服务体系是以政府主导的公共体育部门为主，即政府部门不仅要提供满足公民健身活动需求的各种直接服务体系（如活动比赛体系、场地设施体系、健身方法体系、信息供给体系、体质监测体系、骨干队伍体系、健身组织体系等），还要提供各种保障支持体系（如行政领导体系、法规制度体系、资金投入体系、舆论宣传体系、教育培训体系、科学研究体系、评估激励体系等）。

第四章 体育强国视域下多元化全民健身服务体系及其建设的现实基础和方向

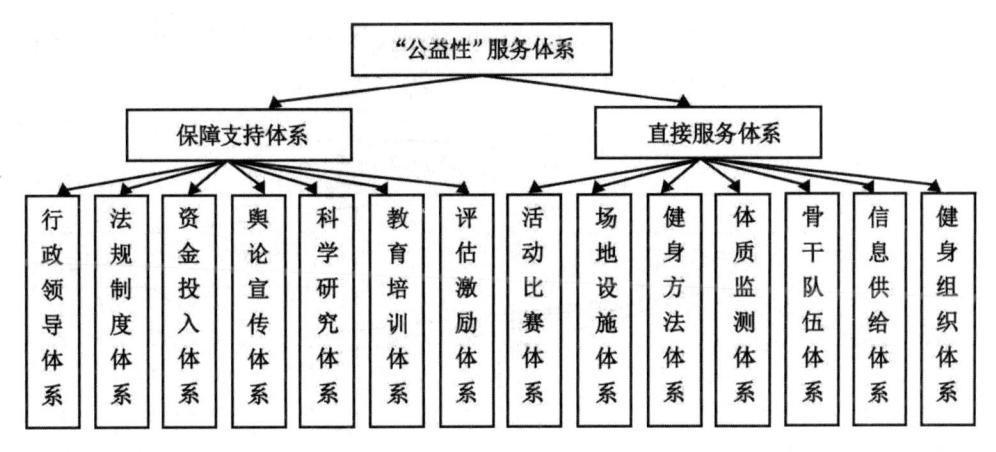

图 4-1 政府部门主导的"公益性"服务体系结构

（二）私营部门提供的"市场化"服务体系

"市场化"全民健身服务体系是在社会分工条件下，各种体育商品和生产要素进入流通形成的特殊市场，是相互联系、相互制约的庞大的体育市场体系。它是以通过市场主体和客体间的相互作用满足供给者与消费者之间的体育服务需求为主要目的，在一定程度上弱化了其福利性和公益性，更强调营利性。它既是多元体育市场结构和复杂体育市场机制的统一，又是多元化全民健身服务体系不可或缺的组成部分。依据当代经济学理论和已有体育市场体系研究成果，"市场化"服务体系分为"主体性市场"服务体系和"中介性市场"服务体系。

1."主体性市场"服务体系

"主体性市场"是围绕体育核心产品的供需所形成的体育市场。因为体育的本质表现为一定形式的身体运动，所以体育产品的核心就是体现体育本质属性的体育服务产品。此种市场服务体系包含体育产品市场和体育生产要素市场两个部分，如图 4-2 所示。其中，体育产品市场包括体育消费品市场和体育生产资料市场，具体由体育健身娱乐市场、体育实物产品市场、体育竞赛表演市场、体育培训咨询市场、体育医疗康复市场、体育旅游市场、体育传媒市场、体育广告市场和体育保险市场构成；体育生产要素市场包括体育劳动力市场、体育资金市场和体育场（馆）租赁市场。体育劳动力市场主要指服务全民健身的科研人员、指导人员、医疗保健人员、经营管理人员等各类体育人才合理流动而形成的市场；体育资金市场主要指为筹集全民健身事业发展资金买卖彩票、股票等体育有形资产市场和体育无形资产市场（包括知识产权、特许经营权、体育广告发放权、广播电视转播权等）；体育场（馆）租赁市场主要指租赁健身活动场（馆）而形成的市场。

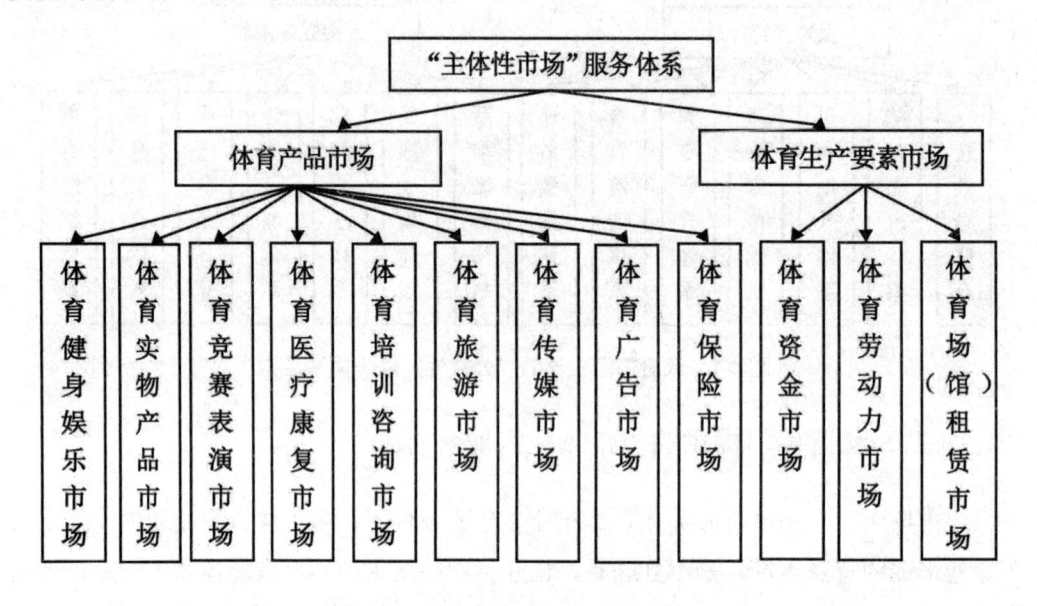

图 4-2　私营部门主导的"主体性市场"服务体系结构

"主体性市场"服务体系
- 体育产品市场
  - 体育健身娱乐市场
  - 体育实物产品市场
  - 体育竞赛表演市场
  - 体育医疗康复市场
  - 体育培训咨询市场
  - 体育旅游市场
  - 体育传媒市场
  - 体育广告市场
  - 体育保险市场
- 体育生产要素市场
  - 体育资金市场
  - 体育劳动力市场
  - 体育场（馆）租赁市场

2. "中介性市场"服务体系

"中介性市场"是依托体育核心产品从事各种经营活动而衍生出的市场，又称为体育延伸市场。中介是专门从事中介活动、提供相关服务、促进买卖双方成交的组织形式。体育市场中介组织是体育领域中最活跃的要素，它既是连接体育市场管理者、生产经营者与消费者之间的桥梁，又是传播体育市场信息的主要渠道，具有媒介功能、纽带功能、调节功能、服务功能、监督保护功能等。

当前，我国体育中介组织与体育中介活动作为活跃体育市场不可缺少的催化剂，显示出蓬勃的发展态势。各类体育中介机构通过其创造性的工作和不可替代的贡献，在多元化全民健身服务体系的建设中占有十分重要的地位。从"中介"的社会属性和对我国群众体育事业发展现实意义的角度出发，全民健身中介性市场服务体系划分为三部分及十三个子系统，如图 4-3 所示。

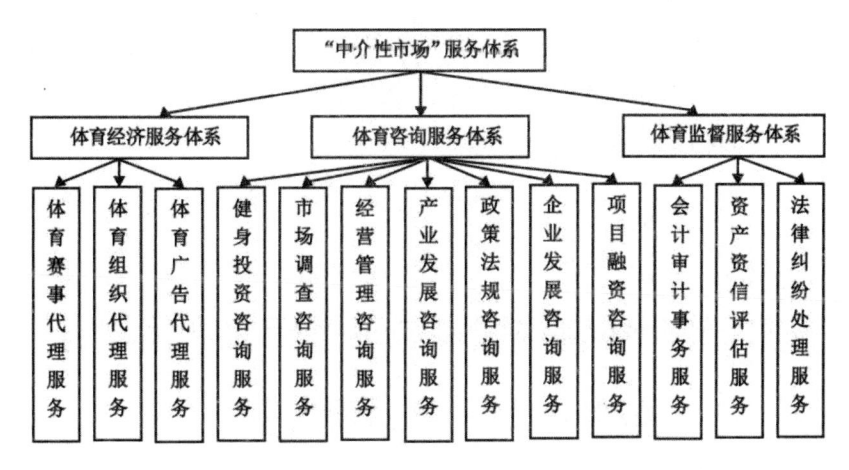

图 4-3 私营部门主导的"中介性市场"服务体系结构

（三）第三部门提供的"非营利性"服务体系

第三部门，也称非营利性组织，是指介于政府和企业之间的部门组织，它既不归属于政府公共部门，也不归属于市场经济部门，但其与这两个部门有着千丝万缕的联系。随着我国市场经济体制的逐步完善，第三部门在这场变革中扮演着不可替代的角色，是群众性体育服务产品新的供给方，对构建多元化全民健身服务体系有着极其重要的作用。

根据国家民政部将非营利组织分为民办非企业单位（简称"民非企业"）和社会团体两部分，将第三部门主导的全民健身"非营利性"服务体系划分为两大部分及十二个子系统，如图 4-4 所示。

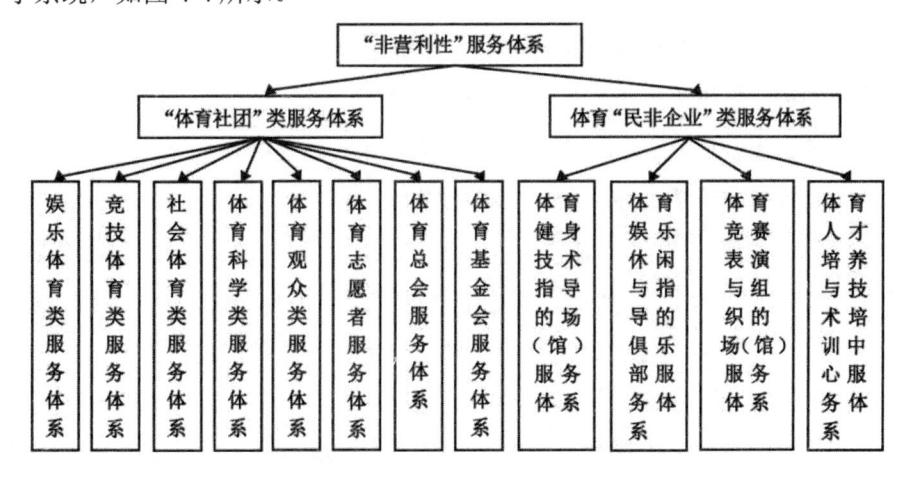

图 4-4 "第三部门"主导的"非营利性"服务体系结构

多元化全民健身服务体系是由满足公民健身需求的相互联系、相互影响的要素组成的有机整体，这些要素构成多元化全民健身服务体系的基本结构，它们相互作用、相互依赖，共同影响群众体育事业的发展。

第二节　体育强国视域下多元化全民健身服务体系建设的现实基础

新时代，全民健身取得了巨大成就，全民健身政策体系持续完善，群众体育赛事活动蓬勃开展，全民健身参与程度不断提高，这为满足人民群众日益高涨的健身需求创造了有利条件。

一、党和国家高度重视全民健身服务体系建设

新时代，党和国家高度重视开展全民健身活动，制定了一系列重大政策措施，把满足人民群众日益增长的健身需求、不断提高人民群众健康水平作为全民健身工作的出发点和落脚点。习近平总书记亲自部署、亲自谋划，推动全民健身上升为国家战略，将其纳入国家经济社会发展总体规划，开辟了全民健身作为中国特色社会主义体育事业伟大创举的新境界。把广泛开展全民健身活动列入建党百年历史决议中新时代体育领域的三大重要成就之一，成为党领导人民治国理政的基本方略，凸显了全民健身在国家发展战略中的基础性、全局性和先导性作用。

党的十八大以来，《全民健身计划》的实施历经三个阶段，呈现国家战略"骨架"的系统性制度安排，有力推动多元化全民健身服务体系建设。《全民健身计划（2011—2015年）》强调体育事业的公益性，提出逐步完善符合国情、比较完整、覆盖城乡、可持续的全民健身公共服务体系。《全民健身计划（2016—2020年）》明确覆盖城乡、比较健全的全民健身公共服务体系基本形成，要求进一步完善支撑国家发

展目标的全民健身公共服务体系。《全民健身计划（2021—2025 年）》要求充分发挥全民健身的综合价值与多元功能，进一步落实健康中国和全民健身国家战略，构建更高水平的全民健身公共服务体系。

《关于构建更高水平的全民健身公共服务体系的意见》是党的十八大以来全民健身公共服务领域最高层级的顶层设计文件，是指导"十四五"乃至今后更长一段时期全民健身发展的战略性、综合性文件。文件经中共中央全面深化改革委员会审议通过，并以中共中央办公厅、国务院办公厅名义联合印发，体现了党中央、国务院对全民健身事业的高度重视，表明全民健身服务体系构建不仅是体育部门一家之事，更需要各行业、各系统、各部门的协同配合与全社会的共同参与，强调全民健身服务体系应具备统筹城乡、服务便利、运行高效、保障有力的基本特征。党和国家制定的全民健身战略及相关实施方案持续有力地将多元化全民健身服务体系建设作为体育高质量发展的重要篇章。

二、人民群众健身需求日益增长推动全民健身服务体系建设

新时代，体育事业发展面貌一新、体系一新、格局一新，人民群众追求美好生活的健身需求陡增。中国特色社会主义进入新时代，我国社会主要矛盾已经转化为人民日益增长的美好生活需要和不平衡不充分的发展之间的矛盾，反映到全民健身、全民健康方面，就是人民群众日益增长的多元化、个性化、复杂化的体育与健康需求和全民健身公共服务有效供给不充分不平衡之间的矛盾。如何更好地充分满足广大人民群众对健身、健康的需求和对美好生活的追求、实现均衡发展，是未来全民健身、全民健康公共服务工作努力的方向，也是时代赋予我们的历史使命。人们的体育健身需求程度与经济社会发展密切相关，即人均 GDP 处于不同水平时，健身需求的程度各不相同。近年来，体育健身作为美好生活的必要组成已成为共识，全民健身的发展路径已逐步转向群众自发生成、内涵不断丰富、层次不断提升的共建共享之路。

（一）全民健身需求激增

国家统计局数据显示，2019 年，我国在与生活方式密切相关的疾病上的费用占卫生费用的百分比超过 70%。2021 年，我国城市人群中与生活方式密切相关的疾病致死率总占比高达 89.2%，这些疾病主要由内源性的系统紊乱和功能退行所致。慢性病难以完全依靠现有医学手段根治，却能通过运动健身加以预防，这导致全民健身需求激增。

（二）健身消费需求升级

随着体育健身逐步融入人民群众日常生活，提升健身品质、改善健身装备的健身消费热情高涨，促进体育消费的增长。2020 年，全国居民体育消费总规模达到 1.8 万亿元，人均体育消费支出达 1 330.4 元，比 2014 年增长了 43.7%。体育消费的快速增长是人们体育消费意识和能力提升与消费需求理论中"跟潮效应"共同作用的结果。

（三）康养休闲需求面广

我国人口结构老龄化程度持续加剧，2013 年，60 岁及以上人口达 2.02 亿人，占总人口的 14.8%；2022 年，60 岁及以上人口达 2.8 亿人，占总人口的 19.8%；预计 2025 年，60 岁及以上人口将超过 3 亿人，社会老龄化趋势加剧。人口老龄化带来诸多社会问题，国民健康问题尤为突出。通过不同的健身休闲方式度过余暇时间已成为社会时尚，"多锻炼，少生病""想健康，迈开腿"等观念深入人心。满足人民群众多样化的体育需求，必须依托多元化全民健身服务体系。

三、两大国家战略叠加推进全民健身服务体系建设

新时代，党和国家实施健康中国和全民健身战略，覆盖对象和目标指向具有高度的一致性，两大国家战略叠加协同产生整合效应，推进全民健身服务体系实现迭代升级。健康中国战略的实施，充分体现了党和国家对人民身体健康和幸福生活的重视与关怀，反映了国家综合实力的增强和社会文明的进步。人民群众身体健康是个人生存与发展的基本前提，是建设富强文明国家的题中之义，更是实现中华民族伟大复兴的

重要基础。全民健身上升为国家战略，同时被纳入健康中国战略的重要组成部分，全民健身行动被列为健康中国重大专项行动，深刻体现了全民健身作为全民健康的前提条件和基础保障的作用。

健康中国战略和全民健身战略叠加赋能，促进全民健身与全民健康深度融合。其中，健身是手段，健康是目标，发挥健身促进健康的作用，推动健康管理端口前移，探索具有中国特色的运动促进健康之路，进而有效解决国民健康问题。体育强国建设有力地支撑着实现社会主义现代化强国目标，全民健身既是建设体育强国最重要、最基础的工作，也是体育强国最显著、最鲜明的特征。广泛开展全民健身活动，实现群众体育和竞技体育全面协调可持续发展，稳步提升人民群众健康水平，推进由体育大国迈向体育强国。两大国家战略形成紧密的内在支撑关联，叠加协同推进全民健身促进全民健康，加快建设体育强国。

四、完善的体育法律法规保障全民健身服务体系建设

加强全民健身法律法规建设，提高全民健身法治水平，是营造全民健身法治环境的基础，为推动构建多元化全民健身服务体系提供制度保障。2022年修订、2023年颁布实施的《中华人民共和国体育法》更加突出时代性、科学性和针对性，面对需要解决的现实问题，总结了旧法实施多年来的经验和不足，全面完善和补充了有关条款。根据新时代全民健身在国家发展大局中的地位和作用，将第二章"社会体育"章名修改为"全民健身"，同时做了大量扩充，从而使"全民健身"一词正式成为法定词汇，这是全民健身理论与实践的重大突破。

加强全民健身公共服务的制度设计同时存在于与体育相关的领域，《中华人民共和国基本医疗卫生与健康促进法》《中华人民共和国公共文化服务保障法》中均有针对性规定。国家体育总局等部门共同颁布的《全民健身基本公共服务标准（2021年版）》明确了现阶段我国全民健身基本公共服务的主要项目，划定了各级政府必须予以保障的全民健身基本公共服务的内容、范围及底线。

2023年5月，国家体育总局公布《全民健身条例（修订草案）》，此次修订是对体系的全面重构和条款内容的广泛扩充，重点将新时代开展全民健身活动积累的丰富

经验规范性地纳入行政法规，使条例的规定更加符合全民健身发展实际，促进全民健身规范发展。

第三节 体育强国视域下多元化全民健身服务体系建设的方向

一、以标准化优化配置资源布局，促进全民健身公共服务均衡发展

推进全民健身公共服务在地区、城乡、行业和人群间均衡发展，既是全面落实健康中国、全民健身战略和加快建设体育强国的必然要求，也是实现人的全面发展的必然选择，应坚持以标准化优化配置资源布局为目标指向。

（一）建立全民健身公共服务标准

"标准"是人们共同遵守的准则，拥有"标准"是为了更好地统筹和分配资源。应参照《国家基本公共服务标准（2023年版）》，尽快搭建全民健身公共服务标准制度框架，在国家层面设立全民健身公共服务标准委员会，对全民健身公共服务标准实施动态监测和调整，尽快公布新修订的《全民健身条例》《社会体育指导员管理办法》，建立全民健身场地设施建设、管理、服务、收费等标准。动态调整健身培训、赛事活动、户外运动等体育服务领域的标准和规范，提高健身服务的均衡性和可及性，建立全民健身公共服务标准化运作机制。

（二）按常住人口要素统筹资源布局

实现全民健身公共服务区域均衡发展，应按照标准化优化资源配置，以常住人口为"定位器"统筹资源布局，逐步降低基本公共服务分配的户籍关联度，流动人口基本公共服务供给以流入地为主，逐步解决城乡资源不均的问题。明确区域均衡发展不是平均化发展，而是承认区域健身资源存在差别，并将差别控制在可接受的、逐渐缩小的范围内。在对欠发达地区提供全民健身基本公共服务时，可借鉴广泛应用于发达国家公共政策之中的积极差别待遇理论，这是一种帮助弱势群体发展的理论，是为了积极的目的和结果而对不同的人群给予有差别的待遇的理论。适当采取积极差别待遇对策，从全民健身发展不平衡、不充分的实际出发，持续推进全民健身公共服务体系建设。

（三）补齐全民健身公共服务弱项短板

加大全民健身公共服务资源向基础薄弱区域倾斜，缩小城乡全民健身公共服务差距。优化城市全民健身功能布局，针对不同城市的等级、新老城区的实际，因地制宜采用不同的全民健身资源配置方式。以一体化发展为目标、以精准化供给为导向、以标准化建设为抓手、以数字化赋能为手段、以场景化改造为杠杆，拓展城市全民健身空间。

推进健身设施绿色低碳转型，场馆建设使用绿色建材，全民健身设施网络和城市社区"15分钟健身圈"全覆盖，在有条件的学校进行"一场两门、早晚两开"体育设施安全隔离改造，实施社区健身设施夜间"点亮工程"，在乡镇、行政村实现公共体育健身设施100%全覆盖。

大力建设特色体育公园、健身步道及登山等户外运动配套设施，以自然资源和地区禀赋为依托，建设冰雪丝路带、体育文化旅游带及"三纵四横"户外运动空间布局。积极推进区域全民健身公共服务一体化协同发展，明确京津冀、长江经济带、粤港澳大湾区等区域协同发展的规划。

二、发挥全民健身公共服务供给主体的作用，完善共建、共治、共享的机制

供给主体不强，全民健身公共服务的多元供给就强不起来。在服务供给中，要加快有为政府、有效市场、有机社会结合的步伐，促进全民健身公共服务的供需实现有效衔接，完善多元主体共建、共治、共享的机制。

（一）充分发挥政府的主导作用

《关于构建更高水平的全民健身公共服体系的意见》对县级以上政府将全民健身公共服务体系建设纳入经济社会发展规划作出明确规定，要求将其作为一项重要民生实事定期进行专题研究，凸显坚持人民至上的初心和使命，表明党和政府对完善全民健身公共服务体系建设，保障群众健身需求的担当。各级政府必须遵照体育法规的要求，履职尽责保证全民健身公共服务高质量发展。全民健身的实践证明，政府在制定推进全民健身公共服务的办法、优化配置全民健身资源的规则和对各供给主体的监管中必须承担主导责任，才能有效平衡引导群众健身需求与改进健身服务供给的关系。

（二）调动社会力量积极参与

新时代，全民健身取得了巨大成就，从根本上为走社会协同发展之路提供了强劲动力。要着力发挥市场在配置健身资源中的决定性作用，鼓励社会资本投入全民健身，实现优质健身公共服务总量扩张，提升普惠性公共体育服务的质量和水平，以付费可享有、价格可承受、质量有保障、安全有监管为标准满足人民群众多样化、多层次的健身需求。

持续发挥体育社会组织在全民健身公共服务供给中不可替代的作用，深入发挥各级体育单项协会的示范、辐射和带动作用。形成全民健身突出基层的鲜明导向，重视"草根"体育社会组织的聚集作用，在社区设立健身活动站点，引导体育社会组织下沉社区，组织开展各类健身赛事活动，以乡镇为重点，打造符合农村需求的乡村体育指导站。

（三）建立共建、共治、共享的机制

高质量发展是我国经济社会发展的首要任务。不断推动人民群众对基本公共服务的诉求逐步从"有机会享有"向"更多、更公平、更优质享有"转变，体现了全民健身公共服务高质量发展的内在要求。

国家发改委《"十四五"公共服务规划》把公共服务分为基本公共服务和普惠性非基本公共服务两大类。具体到体育领域，就是要以优化基本公共服务、普惠性非基本公共服务供给为核心内容，以构建多元供给格局为关键环节，以完善基层供给网络为重点任务，统筹协调推进全民健身公共服务均衡化和可及化。并提出，到2025年，公共服务制度体系更加完善，政府保障基本、社会多元参与、全民共建共享的公共服务供给格局基本形成，民生福祉达到新水平。全民健身公共服务必须明确共建、共治、共享的价值共识，探索形成"人人有责、人人尽责、人人享有"的供给原则，彰显人民群众的主体地位，以全民享有突出社会公平正义的价值，真正体现公民个人是全民健身公共服务的贡献者、受益者和责任人。

塑造共建、共治、共享的价值共创系统，打造多元供给主体的合作网络结构，各级政府应强化兜底保障责任，明确服务清单和责任清单，将有限财力用于满足群众基本健身需求，积极鼓励和支持市场、社会组织与个人投资健身服务。建立共建、共治、共享的供给动态调适机制，基于人民群众健身需求从普惠、可及迈向优质、共享，适度提高基本公共服务的供给标准。

三、智慧化赋能全民健身，提高全民健身公共服务科学化水平

《全民健身计划（2021—2025年）》明确指出，提供全民健身智慧化服务。推动线上和智能体育赛事活动开展，支持开展智能健身、云赛事、虚拟运动等新兴运动。开发国家社区体育活动管理服务系统，建设国家全民健身信息服务平台和公共体育设施电子地图，推动省、市两级建立全民健身信息服务平台，提供健身设施查询预订、体育培训报名、健身指导等服务，逐步形成信息发布及时、服务获取便捷、信息反馈高效的全民健身智慧化服务机制。

在新一轮科技革命和产业变革提供有力支撑的背景下，加快以数字化、网络化、智能化为主要特征的新一代信息技术在全民健身领域的深度应用，集中力量解决全民健身高质量发展的重大技术难题，需要智慧化赋能实现全民健身公共服务便捷化、精准化、高效化，力求在"十四五"期间全民健身领域科技支撑取得重大进展，提升全民健身公共服务科学化水平。

（一）解决智慧化赋能的关键技术问题

着力突破全民健身科技化进程中的"卡脖子"技术，以需求为引领、以问题为导向，聚集各类科技创新资源，加大新质生产力促进全民健身公共服务创新发展的力度，促成全民健身领域核心技术攻关形成强大合力，疏通跨领域、跨学科协同攻关的运行机制。积极探索应对老龄化的体医融合模式，在不同人群的健身指导方案智能化生成技术、运动干预慢性病的关键技术和服务支撑、青少年运动与健康行为精准监测及评估技术等方面实现重点突破。

（二）构建运动促进健康的管理机制

制定社区运动健康中心规范标准，建立社区运动健康促进综合服务模式和应用示范平台，在重点地区先行先试的基础上逐步推广。建立国家体卫融合重点实验室，推进体医深度融合，探索运动促进疾病预防、治疗和康复的机理。依托国民体质监测站点或基层医疗卫生机构，开展运动干预慢性病管理，推广常见慢性病运动处方。

（三）完善全民健身信息服务平台

加快全民健身信息化水平提质升级，创建集健身场地设施、观看赛事活动、健身指导为一体的数字化服务平台，联通"国家—省—市—县"四级健身信息服务网络。探索建立全国统一的"运动银行"和"全民健身运动码"，通过"线上＋线下"服务实现统一健身服务入口、场馆设施管理、健身文化传播、健身科普知识学习等开放和共享。合理运用人工智能、物联网等新兴技术，打造智慧场馆、智慧步道、智慧体育公园等智慧化健身设施场地，全面提升智慧化全民健身公共服务能力。依托主流媒体、自媒体及"三微一端"新媒体，搭建健身文化交流平台，普及健身科学知识。

四、协同体育强国建设的支撑要素，促进全民健身融合发展

全面建设社会主义现代化国家需要以建成文化强国、教育强国、人才强国、体育强国、健康中国为重要组成和基础支撑。推动全民健身与上述强国要素融合发展，不仅可以获取更多资源形成战略要素叠加效应，还能有效弥补现阶段全民健身资源的不足。

（一）全民健身与全民健康融合发展

全民健身以全民健康为目标和指向，全民健康以全民健身为重要途径和手段，体医融合形成相互渗透、相互促进的新发展格局。积极实施主动健康策略，瞄准慢性病防治与管理，促使健康端口从"以治病为中心"向"以健康为中心"前移。破除认识和机制障碍，打破行业壁垒，加强部门协同，建立"体医融合"卫生健康治理体系。建立运动促进健康新模式，将服务延伸至社区健身站点。注重全民健身与多种形式的康养活动结合，满足人们养生、健身、娱乐、休闲等多类别、多层次的需要。

（二）全民健身与竞技体育融合发展

全民健身与竞技体育是体育强国建设的两大支柱，竞技体育发展水平直接影响全民健身活动开展状况，全民健身活动可夯实竞技体育发展的群众基础，加强青少年体育工作、深化体教融合有助于竞技体育后备人才的培养工作。向社会开放体育系统管理的健身场馆设施，鼓励奥运冠军、国家队和省队运动员进社区、进校园、进课堂开展健身指导服务活动。支持各运动项目协会服务基层健身活动，积极对接基层体育社会组织，指导基层开展健身活动，制定面向全社会的运动项目水平等级制度，坚持走全民健身出"效"、竞技体育出"名"之路。

（三）全民健身与文旅融合发展

全民健身与文化旅游融合是健身活动与文化、休闲、娱乐等相互交融的"连接器"。探索"体文旅"融合发展的机制，通过地方特色文化传承活动，打造具有地域

传统和特色的品牌健身赛事，加快建设"体文旅"融合示范基地，以健身休闲特色小镇、生态体育公园为载体，刷亮全民健身融合发展的绿色背景。推广具有影响力的体育旅游精品线路，引导国家体育旅游示范区建设，拓展体育旅游产品和服务供给。完善相关场地设施，推广户外运动项目，打造群众喜闻乐见的精品赛事。

　　坚持体育事业公益性，逐步完善符合国情、比较完整、覆盖城乡、可持续的多元化全民健身服务体系，保障公民参加体育健身活动的合法权益，促进全民健身与竞技体育协调发展，扩大竞技体育群众基础，丰富人民群众精神文化生活，形成健康文明的生活方式，提高全民族身体素质、健康水平和生活质量，促进人的全面发展，促进社会和谐和文明进步，努力奠定建设体育强国的坚实基础。

第五章 体育强国视域下多元化全民健身服务体系建设的原则、要点和推进策略

第一节 体育强国视域下多元化全民健身服务体系建设的原则和要点

一、体育强国视域下多元化全民健身服务体系建设的原则

（一）覆盖全民，公益导向

扩大公益性和基础性服务供给，提高参与度，增强可及性，推动全民健身服务体系覆盖全民、服务全民、造福全民。

（二）科学布局，统筹城乡

以需求为导向配置全民健身服务资源，引导优质资源向基层延伸。对接国家重大战略，促进全民健身服务城乡区域协调发展。

（三）创新驱动，绿色发展

强化资源集约利用和科技支撑，推动机制改革和供给方式创新。打造绿色便捷的全民健身新载体，促进全民健身与生态文明建设相结合。

（四）政府引导，多方参与

发挥政府保基本、兜底线的作用，推进基本公共服务均等化，尽力而为、量力而行。激发社会力量积极性，推动共建、共治、共享，形成全民健身发展长效机制。

二、体育强国视域下多元化全民健身服务体系建设的要点

（一）完善支持社会力量发展全民健身的体制机制

1.健全全民健身组织网络

积极稳妥推进体育协会与体育行政部门脱钩。体育行政部门要加强对体育社会组织的政策引导和监督管理。全国性单项体育协会要加强对会员单位的联系和服务，完善相关标准规范。支持全国性单项体育协会积极发展单位会员，探索发展个人会员。将运动项目的推广普及作为对单项体育协会的主要评价指标。支持党政机关、企事业单位、学校常态化制度化组织健身活动。鼓励发展在社区内活动的群众自发性健身组织。

2.夯实社区全民健身基础

将全民健身公共服务纳入社区服务体系，培育一批融入社区的基层体育俱乐部和运动协会。在社区内活动的符合条件的基层体育组织可依法向县级民政部门申请登记。在社区设立健身活动站点，引导体育社会组织下沉社区组织健身赛事活动。实施社区健身设施夜间"点亮工程"。

3.推动更多竞技体育成果全民共享

推动体育系统管理的训练中心、基地、体校的健身设施以及运动康复等服务向社会开放。促进国家队训练方法、日常食谱、康复技巧等实行市场化开发和成果转化。建立国家队、省队运动员进校园、进社区制度，现役国家队、省队运动员每年要在中小学校或社区开展一定时间的健身指导服务。建立面向全社会的体育运动水平等级制度，健全服务全民健身的教练员、裁判员评价体系。建立高水平运动队帮扶基层体育社会组织的机制。

（二）推动全民健身公共服务城乡区域均衡发展

1.按人口要素统筹资源布局

加大全民健身公共服务资源向基础薄弱区域和群众身边倾斜力度，与常住人口总量、结构、流动趋势相衔接。完善农村全民健身公共服务网络，逐步实现城乡服务内容和标准统一衔接。鼓励有条件的城市群和都市圈编制统一的全民健身规划，促进区域内健身步道、沿河步道、城市绿道互联互通，健身设施共建、共享。

2.优化城市全民健身功能布局

超大、特大城市中心城区要推广功能复合、立体开发的集约紧凑型健身设施发展模式。大中城市要加强多中心、多层级、多节点的全民健身资源布局，打造现代时尚的健身场景。县城城镇化要同步规划、同步建设健身设施。老城区要结合城市更新行动，鼓励运用市场机制盘活存量低效用地，增加开敞式健身设施。新建城区要结合城市留白增绿，科学规划社区全民健身中心，建设与生产生活空间相互融合、与绿环绿廊绿楔相互嵌套的健身设施。

3.构建对接国家重大战略的空间布局

结合落实京津冀协同发展、长江经济带发展、粤港澳大湾区建设、推进海南全面深化改革开放、长三角一体化发展、黄河流域生态保护和高质量发展等重大战略，以及推进成渝地区双城经济圈建设，完善健身设施布局。研究推动在河北崇礼、吉林长白山（非红线区）、黑龙江亚布力、新疆阿勒泰等地建设冰雪丝路带。支持京张体育文化旅游带建设。支持新疆、吉林共同创建中国冰雪经济高质量发展试验区。沿太行山和京杭大运河、西安至成都、青藏公路打造"三纵"，沿丝绸之路、318国道、长江、黄河沿线打造"四横"，构建户外运动"三纵四横"的空间布局。

（三）打造绿色便捷的全民健身新载体

1.打造群众身边的体育生态圈

实施全民健身设施补短板工程，建设全民健身中心、公共体育场、社会足球场等健身设施，加强乡镇、街道健身场地器材配备，构建多层级健身设施网络和城镇社区"15分钟健身圈"。新建居住区要按室内人均建筑面积不低于0.1平方米或室外人均用地不低于0.3平方米的标准配建公共健身设施，纳入施工图纸审查，验收未达标不得交付使用。支持社会力量建设"百姓健身房",鼓励有条件的企事业单位利用自有资源建设共享健身空间。建设国家全民健身信息服务平台。

2.拓展全民健身新空间

制定国家步道体系建设总体方案和建设指南。支持依法利用林业生产用地建设森林步道、登山步道等健身设施。推进体育公园建设,推动体育公园向公众免费开放。在现有郊野公园、城市公园中因地制宜配建一定比例的健身设施。在符合相关法律法规、不破坏生态、不妨碍行洪和供水安全的前提下,支持利用山地森林、河流峡谷、草地荒漠等地貌,建设特色体育公园,在河道湖泊沿岸、滩地等地建设健身步道,并设立必要预警设施和标识。

3.完善户外运动配套设施

加强冰雪、山地等户外运动营地及登山道、徒步道、骑行道等设施建设。加强户外运动目的地与交通干线之间的连接,完善停车、供电、供水、环卫、通信、标识、应急救援等配套设施。公共户外运动空间可配套建设智能化淋浴、更衣、储物等设施。支持建设符合环保和安全等要求的气膜结构健身馆等新型健身场地设施。

4.推进健身设施绿色低碳转型

开展公共体育场馆开放服务提升行动,推广绿色建材和可再生能源使用,实施节能降本改造,加快运用 5G 等新一代信息技术改进场馆管理和赛事服务。制定绿色体育场馆运营评价通用规范。控制大型综合体育场馆的规模和数量,鼓励有条件的地方建设高品质专项运动场馆。体育场馆建设要与城市风貌、城市文脉、城市精神相适应。户外运动设施不能逾越生态保护红线,不能破坏自然生态系统,充分利用自然环境打造运动场景。

5.推动健身场地全面开放共享

事业单位和国有企业要带头开放可用于健身的空间,做到能开尽开。已建成且有条件的学校要进行"一场两门、早晚两开"体育设施安全隔离改造;新建学校规划设计的体育设施要符合开放条件。鼓励学校体育设施对社会开放实行免费和低收费政策。支持第三方对区域内学校体育设施开放进行统一运营。鼓励私营企业向社会开放自有健身设施。

(四) 构建多层次、多样化的赛事活动体系

1. 支持社会力量举办赛事

公开全国综合性运动会和单项体育赛事目录及承接标准,引入社会资本参与承办赛事。优化体育赛事使用道路、空域、水域、无线电等行政审批流程。推动体育赛事活动安保服务社会化、市场化、专业化发展。

2. 培育赛事活动品牌

建立分学段、跨区域的四级青少年体育赛事体系。建立足球、篮球、排球业余竞赛体系。加快发展以自主品牌为主的体育赛事体系,培育形成具有世界影响力的职业联赛。支持打造群众性特色体育赛事,引导举办城市体育联赛。鼓励群众自发性健身组织举办广场舞、健步走、棋牌等健身活动。

3. 推动户外运动发展

编制户外运动产业发展规划。开展自然资源向户外运动开放试点,制定在可利用的水域、空域、森林、草原等自然区域内允许开展的户外运动活动目录。推动户外运动装备器材便利化运输。鼓励户外运动装备制造企业向服务业延伸发展。

4. 加强赛事安全管理

落实赛事举办方安全主体责任,严格赛事安全监管责任,责任履行不到位的,依照有关规定严肃追责问责。配足配齐安保力量,强化安保措施,确保各类赛事活动安全顺利举办。建立户外运动安全分级管控体系,分类制定办赛安全标准。制定政府有偿救援标准。支持保险和商业救援服务发展,培育民间公益救援力量。加强户外安全知识教育,引导群众科学认识身心状况、理性评估竞技能力、积极应对参赛风险。

(五) 夯实广泛参与全民健身运动的群众基础

1. 落实全龄友好理念

建立适合未成年人使用的设施器材标准,培养未成年人参与体育项目兴趣。推动公共体育场馆向青少年免费或低收费开放。为老年人使用场地设施和器材提供必要帮扶,解决老年人运用体育智能技术困难问题。营造无障碍体育环境,为残疾人参与全民健身运动提供便利。

2.培养终身运动者

实施青少年体育活动促进计划,让每个青少年较好掌握 1 项以上运动技能,培育运动项目人口。开齐开足上好体育课,鼓励基础教育阶段学校每天开设 1 节体育课。支持体校、体育俱乐部进入学校、青少年宫开设公益性课后体育兴趣班。支持学校、青少年宫和社会力量合作创建公益性体育俱乐部。

3.提高职工参与度

按职业类型制定健身指导方案。发挥领导干部带动作用,组织开展各类健身活动。鼓励机关、企事业单位配备健身房和健身器材。发挥工会作用,鼓励工会每年组织各类健身活动并将此纳入工会考核内容。

(六)提高全民健身标准化、科学化水平

1.完善全民健身公共服务标准体系

制定全民健身基本公共服务国家标准并动态更新。健全全民健身场地设施、器材装备等标准。修订镇域、城市公共体育设施规划标准。研究制定城市公共体育场、体育馆、游泳馆建设标准。加强运动技能、赛事活动、体育教育培训等体育服务领域标准制定修订。建立健全全民健身公共服务统计监测制度。

2.提高健身运动专业化水平

发展公益社会体育指导员队伍,指导其依法开展健身志愿服务活动。推动持有职业资格证书的社会体育指导员与教练员职业发展贯通,完善群众体育教练员职称评审标准。

3.深化体卫融合

制定实施运动促进健康行动计划。建立体卫融合重点实验室。鼓励有条件的医疗机构加强以体育运动康复为特色的专科能力建设。推动国民体质监测站点与医疗卫生机构合作,推广常见慢性病运动干预项目和方法,倡导"运动是良医"理念。

(七)营造人人参与体育锻炼的社会氛围

1.普及全民健身文化

将全民健身理念和知识融入义务教育教材。打造一批科学健身传播平台,加大全民健身公益广告创作和投放力度。发挥体育明星正能量,弘扬中华体育精神。实施体育文化创作精品工程。加强体育非物质文化遗产保护。

2.强化全民健身激励

向国家体育锻炼标准和体育运动水平等级标准达标者颁发证书。鼓励有条件的地方发放体育消费券。建立第三方评估机制,定期发布全民健身城市活力指数。

3.开展全民健身国际交流

以国际赛事为契机,加强全民健身领域国际交流合作。与共建"一带一路"国家搭建合作平台,共同举办群众性体育赛事。加强中华传统体育活动国际交流,支持中华传统体育项目走出去。

第二节 体育强国视域下多元化全民健身服务体系建设的推进策略

一、构建多元主体供给机制,增强市场主体活力

构建全民健身服务体系多元主体供给机制是实现全民健身高质量发展的必要条件。发挥政府在全民健身服务体系建设中的主导性、引领性作用,促进政府、企业、市场、社会多方协同融合,增强市场主体活力,创新多元协同供给方式,贯彻新发展理念,以满足新时代人民群众多元化的健身需求。

从政府角度来说,以新时代的人民群众健身需求为抓手,加强"服务型"政府创建,优化全民健身机构设置,完善有关全民健身事业的政绩考核内容。完善多元协同供给的政策法规,促进政府、企业、市场、社会多元协同运行有法可依,以法律形式

明确多元供给的基本准则，并吸引社会资本进入全民健身领域。依据城市特色、地域差异等科学规划健身设施供给。宣传科学健身知识和健身方法，促进全民健身与全民健康深度融合发展。

从市场角度来说，健全市场运行机制，构建规范化的市场秩序，避免恶性竞争。发挥市场在资源配置中的决定性作用，以人民群众多元健身需求为着力点，优化健身资源供给。加大科技投入，依据不同人群的健身需求，完善精准化供给。

从社会角度来说，扶持多样化的体育组织，提供良好的社会环境支持，完善体育组织的成长土壤，通过指导、考核、激励促进社会组织发展。加强旅游、教育、医疗的跨界融合发展，倡导多元主体协同供给。

二、提升科学健身知识水平，弘扬正向健身文化

科学的健身知识普及和正向的健身文化弘扬是全民健身高质量发展的重要内容。大众很难从专业角度辨别健身理论知识的正确性，这就需要政府、社会各方组织形成合力普及科学健身知识。加大社会健身指导员服务力度，推进志愿者培训工作，通过划定片区稳步推进社区健身指导工作，定期开展社区健身讲座、健身指导培训、大众健身竞赛。

党和政府重视正向健身文化的弘扬与发展，借助有关健身题材的电视电影、真实的典型案例、公益健身广告、培训讲座、校园体育课程等方式，在社会上弘扬主流健身文化，在传播科学健身知识的同时，提高大众辨别真假健身运动的能力。科学健身知识的普及有助于提高大众的健身意识，并最终转化成大众科学的健身行为。

将体育文化融入体育健身的全周期和全过程，以举办体育赛事活动为抓手，大力宣传运动项目文化，弘扬奥林匹克精神和中华体育精神，传承传统体育文化，发挥区域特色文化遗产的作用。树立全民健身榜样，讲述全民健身故事，传播社会正能量，发挥体育文化在践行社会主义核心价值观、弘扬中华民族传统美德、传承人类优秀文明成果和提升国家软实力等方面的作用。借助"全民健身日"、重大体育赛事及各种体育活动加强宣传，倡导健康生活方式，开展"终身体育"教育，在全社会形成崇尚和参加体育健身的社会风气。

三、推动区域协调发展，构建区域体育发展新格局

我国全民健身区域发展不平衡问题仍然突出，主要表现在城市与乡村、不同人群，以及各区域之间的健身资源分布不均衡。科学布局全民健身资源，统筹区域健身资源协调发展，发挥区域特色优势，加强区域健身资源协调互补，创新区域发展格局，推动全民健身服务体系高质量发展。根据城市与乡村的人口特点、人口流动趋势、健身需求等，发挥各区域的资源优势，合理规划健身资源分布。根据城市结构、城市形态、人群特点、经济特征等，合理规划全民健身资源供给。支持区域联合开展全民健身赛事，举办各种健身活动。

大力发展城市社区体育。地方各级人民政府将城市社区体育工作作为社区建设的基本内容，统筹规划，加大投入，以城市街道和居住社区公共体育设施建设为重点，不断改善社区居民体育健身环境。街道办事处要发挥组织协调作用，建立体育健身指导站、体育俱乐部等体育组织，培育发展基层体育社团、民办非企业单位等社区体育类社会组织；推进社区体育健身站（点）规范化建设，扶持社区居民委员会提高体育服务能力，组织开展形式多样的社区体育健身活动。整合街道辖区单位、学校的体育设施、体育人才资源，做到优势互补、资源共享，推动社区体育与单位职工体育、学校体育共同发展。

加快发展农村体育。地方各级人民政府将发展农村体育纳入社会主义新农村建设规划，统筹城乡全民健身事业发展，促进城乡体育资源均衡配置，逐步建成城乡一体化的全民健身服务体系，提高农村基层体育服务能力。充分发挥包括乡镇综合文化站在内的社区综合服务设施作用，利用好农村学校、企事业单位的体育设施和体育人才资源，在传统节日和农闲季节广泛组织农民体育活动，开展"体育下乡活动"，办好基层农民运动会。

四、完善体育人才培养体系，建立体育人才发展机制

科技是第一生产力，人才是科技发展的第一资源。体育产业的创新驱动本质上是人才的推动。目前，我国体育人才主要依靠高校培养，高校根据社会需求设置培养专业、培养目标等，但高校人才培养无法完全满足新时代体育人才需求。

完善体育人才培养体系需要从以下几个方面着手：第一，继续发挥高校培养健身人才的主要作用，不断融合新技术，完善培养机制，加强健身指导、场馆管理、宣传营销等方面的人才培养，以满足健身市场多元化的人才需求；第二，通过校企联合培养、定制化培训及吸引专业运动员投身健身行业，降低健身人才培养的准入门槛，支持具备培训资质的企业及社会组织参与健身人才培养。

树立新型全民健身人才观，发挥人才在推动全民健身中的基础性、先导性作用，努力培养适应全民健身发展需要的人才队伍。加大对民间健身领军示范人物的发掘和扶持力度，重视对基层管理人员和工作人员中榜样人物的培育。加强竞技体育与全民健身人才队伍的互联互通，形成全民健身与竞技体育后备人才培养工作的良性互动局面，为各类体育人才培养和发挥作用创造条件。

创新全民健身人才培养模式，发挥互联网等科技手段在人才培训中的作用。加强健身指导、组织管理、宣传推广、志愿服务等方面的人才培养供给。引导扶持社会力量参与全民健身人才培养，形成多元化的全民健身人才培养体系和科学评价机制。

加强全民健身网络平台建设，收集不同区域、不同类型的健身人才信息，为企业招聘与健身人才求职提供平台，促进企业需求与人才供给协调发展。

五、加强党建引领，推进体育社会组织发展

随着人民群众多元化健身需求的不断增长，体育社会组织在构建全民健身多元治理格局中的作用越来越重要。但由于我国体育社会组织的组织化程度低，因此需要依据体育社会组织的大小、属性、作用、地位等，制定差异化的扶持奖励政策，引导更多体育社会组织健康发展。加强党组织嵌入治理，发挥党组织的模范带头作用，将党的优良传统嵌入各类体育社会组织，形成党建引领、民主协商、社会协同、服务大众

的体制机制。重视工作队伍建设、党建活动及枢纽型组织交流，增强体育社会组织凝聚力，将体育社会组织作为完善全民健身事业的有效补充。

探索"互联网＋"的新型发展管理模式，建立信息共享、互联互通机制。通过线上线下成员的交流互动，提升体育社会组织成员的参与度和体育社会组织的活力。吸引社会各种力量广泛参与体育社会组织，不断增加体育社会组织的种类，进一步满足人民群众的健身需求，推动体育社会组织高质量发展。

按照社会组织改革发展的总体要求，加快推动体育社会组织成为权责明确、依法自治的现代社会组织，引导体育社会组织向独立法人组织转变，推动其向社会化、法治化、高效化发展，提高其承接全民健身服务的能力。

积极发挥全国性体育社会组织在开展全民健身活动、提供专业指导服务等方面的示范作用。加强各级体育总会作为枢纽型体育社会组织的建设，带动各级各类单项、行业和人群体育组织开展全民健身活动。加强对基层文化体育组织的指导服务，重点培育发展在基层开展体育活动的城乡社区服务类社会组织，鼓励基层文化体育组织依法依规进行登记。推进体育社会组织品牌化发展并在社区建设中发挥作用，形成架构清晰、类型多样、服务多元、竞争有序的现代体育社会组织发展新格局。

第六章 体育强国视域下多元化全民健身服务体系建设框架

第一节 全民健身体质监测体系建设

国民体质是国家和社会发展的重要基础。国民体质监测是国家为系统掌握国民体质状况，以抽样调查的方式，在全国范围内对监测对象进行统一测试和对监测数据进行分析研究的工作。

2000 年以来，每五年一次，我国已经完成了五次国民体质监测工作，掌握了我国国民体质基本情况和变化规律，为国家科学制定发展群众体育事业、增强国民体质的相关政策提供了重要依据。国民体质监测结果已经成为评估全民健身计划实施效果、评价健康中国建设成效的重要指标和数据来源。

为实现《"健康中国 2030"规划纲要》和《体育强国建设纲要》相关目标，根据《中华人民共和国体育法》《全民健身条例》《国民体质监测工作规定》，2020 年，国家体育总局在全国开展第五次国民体质监测。

为适应新时代社会发展与国民体质的特点，国家国民体质监测中心在科学试验和论证的基础上制定《第五次国民体质监测工作方案》，本次监测人群年龄覆盖范围由 69 岁上延至 79 岁；全面升级测试仪器的自动化水平，实现数据实时上传；首次以行业为抽样单元，对金融、煤炭、公安和建筑行业的部分典型工种开展专项体质监测。

国民体质监测是全民健身领域的一项重要工作，《中华人民共和国体育法》中明确要求定期开展公民体质监测。国民体质监测数据和全民健身活动状况调查数据是全民健身国家战略和体育强国建设的基础数据和指标性数据，深刻影响国家体育规划。为更好推进这项工作，2023 年，国家体育总局在 15 个试点省份开展常态化国民体质监测试点工作，推动国民体质监测工作以测试为中心向以科学健身服务为中心转变，以提升国民健康水平，让更多人受益。

一、加强宣传，提高认识

长期以来，国民对体质测试不够重视，关注度较低。各级政府部门要充分利用媒体资源，加大对体质监测工作的宣传力度，使群众充分了解体质监测的意义，积极配合体质测试，真正发挥体质监测在全民健身中的作用。要充分利用节假日或设立"科普周"进行宣传，并在官方网站上设立"体质测量""健康指导"等栏目，普及体质测试的相关知识；设立流动体质监测站，免费为群众进行体质监测。群众的支持与配合是国民体质监测工作顺利进行的保障。

二、完善管理体制和法规体系

现行的国民体质监测分为三级管理，即国家级、省（区、市）级和地市级。国家级的部门为国家国民体质监测中心，主要负责编写培训教材，培训各省（区、市）体质监测工作人员；各省（区、市）国民体质监测中心负责管理体质监测工作人员。各管理部门在开展工作的同时，还应向单位、个人提供体质测评、健康咨询、健身处方等服务，将完成国家任务和服务人民群众结合起来，将义务监测和有偿服务相结合。

全国各体质监测机构要制定符合实际情况的国民体质监测发展目标，根据目标制定相应的规章制度，如国民体质测定工作规定、国民体质监测人员的培训制度等，进一步提高国民体质监测工作效率。

三、制定统一的体质监测方案和评价标准

国民体质监测方案和评价标准要统一。国民体质监测指标体系既要体现各年龄段人群的体质特点，又要反映人的生长、发育和衰老的变化规律，所以测量指标要尽量一致，保证各年龄段群体测试指标具有连续性和系统性。

目前，我国已出台了包括儿童、学生、成年人、老年人的体质测试方案及评价标准，学生群体的体质监测由教育部负责，其他群体的体质监测则由国家体育总局负责，实施部门不同，导致学生体质测试内容与其他群体体质测试内容失去了连续性与

系统性，这给国民体质的系统研究造成很大的困难。因此，要建立国民体质监测数据网络体系，使国民体质监测规范化、科学化。

四、提高体质监测人员的水平

为提高国民体质监测工作效率，应编写全新的《国民体质监测和测定人员培训大纲》，在基础理论部分增加保健、康复等方面的知识，包括体力测定与评价、营养与体重调节、体育锻炼的科学安排、体育锻炼效果的评价、肥胖与保健等内容。在实际操作能力的培养上，按照指标、仪器、测试人员三固定的原则安排，主要内容包括检测方法、质量控制方法、器材使用方法等，根据监测工作要求进行培训，考试合格者才能上岗工作。

各体质监测机构应结合所在地区的实际情况，确定培训时间，保证培训学时，不能搞"速成班"；建立以学员为主体，以解决问题为核心的培训模式。

社会体育指导员具有丰富的体育专业知识，更容易掌握体质监测的技术。所以，对社会体育指导员进行培训，可以让他们在国民体质监测任务繁重、人手不足时帮忙进行测试。

五、加强体质监测现场测试管理

国民体质监测是一项系统工程，操作起来十分复杂。现场体质测试是获取准确监测数据的重要途径，因此要确保现场测试工作规范化、科学化。在国民体质监测现场测试的机构设置、计划制定、人员配备、组织实施、效果评估等环节中加强管理，以确保国民体质监测工作顺利完成。

（一）确定组织机构及职责分工

成立由体育局官员、监测机构领导、监测人员组成的体质监测工作领导小组，负责监测计划的制定。体育局的相关工作人员负责协调监测机构与监测人员的关系，地方体育部门主要负责制定测试规划、组织受试人员。监测人员的角色分别为队长、质量检验员、卡片保管员、监测员、医务人员，全部人员都需经培训合格后才可上岗。

（二）制定现场测试计划

第一，确定受测对象；第二，安排测试时间、地点；第三，对监测人员进行分工，结合监测机构的实际情况，确定测试流程；第四，监测队长与质检员进行二次检验，对现场进行巡查；第五，在测试过程中，被测人员有可能出现不适等意外情况，医务人员要做好准备。

（三）组织实施

第一，开始测试前，队长应检查测试场地；第二，将被测者按性别、年龄进行分组；第三，测试人员严格按照监测要求进行测试，不得擅自更改测试内容；第四，在测试过程中，队长进行巡查和指导；第五，卡片保管员收取测试卡，如发现数据错误应令测试者重测；第六，测试结束后，相关人员整理仪器，核对装箱。

（四）效果评估

测试工作结束后，负责测试工作的领导小组与所有成员对整体工作情况进行总结，对计划执行情况、测试进度、测试质量进行评价。

依托全民健身活动中心和各类综合性体育中心，建立国家、省、市三级"体质测定与运动健身指导站"网络，为群众进行体质测定、运动能力评定，提供运动健身指导。宣讲科学健身知识，赠送运动健身书籍，教授运动健身方法，并对群众体质水平和运动健身状况进行跟踪调查和科学研究。

第二节 全民健身组织体系建设

目前，全民健身活动的主要载体是各种全民健身组织。各种全民健身组织的目标是提高群众的健康水平，满足群众的健身、娱乐、休闲等需求。每一个全民健身组织都有健身内容、组织方式、运动方法与指导方法，有针对性地向群众提供健身服务，确保全民健身目标实现。我国现行的全民健身组织体系，如图6-1所示。

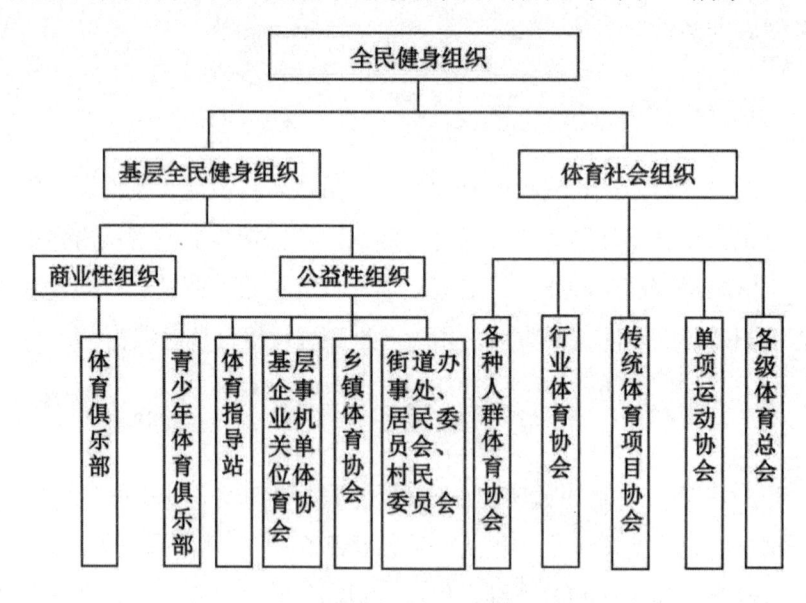

图 6-1 我国现行的全民健身组织体系

一、统筹规划建设，科学发展体育组织

全面、协调、可持续发展是全民健身组织体系建设的内在要求。在全民健身组织体系的统筹规划中，将体育组织建设纳入体育事业的长期发展规划，改变单一的组织管理模式，能够实现对基层体育组织进行规范管理。

基层体育组织要加速发展，扩大规模，形成形式多样、功能健全、门类齐全、具有地方特色的全民健身组织网络，推进全民健身服务实践体系建设。全民健身组织的网络体系要由政府和社会共同建设。

政府和社会之间要建立一种新型的合作关系，让全民健身的体育组织回归社会属性。按照规范化的组织章程，选举相关负责人，筹集经费，制定规划，组织活动，做到管理规范、运作良好，得到群众的认可。建立科学的评价体系，引入竞争机制，规范内部管理，提高组织效能。

政府和体育主管部门要对这些组织进行分类指导，树立正面典型，使各类体育组织得到规范管理，获得合理的效益。在社会发展统计指标体系中，增加体育人口比例、举办健身活动的次数、社会体育指导员的数量等与全民健身相关的指标，促进全民健身组织科学发展。

二、构建网络化的全民健身组织

构建完善的全民健身组织网络对全民健身事业的发展具有积极意义。全民健身组织网络的建设要符合市场规律，做到资源配置优化，协调各类全民健身组织，使全民健身组织框架清晰、沟通渠道畅通。下面以社区体育健身的组织为例，介绍体育健身的组织网络规划与建设。

（一）内部组织的网络化以直线式为主

以体育社会组织和基层全民健身组织为核心，将上级政府机构及下属的健身人群连成直线式网络，使内部信息流通更加顺畅、内部系统更加协调。体育社会组织和基层全民健身组织通过完成上级组织安排的任务获得上级政府机构的信任，再通过优质的服务获得群众的认可。这种双向甚至多维的信息交流以互动沟通为主要手段，逐渐培养信任感，构建和谐的团队关系，增强凝聚力，实现全民健身组织的价值。

（二）外部组织的网络化以交互式为主

外部组织网络以契约为核心进行协调，以各组织间的平等对话和频繁互动为基础，以体育社会组织和基层全民健身组织的信息、资源的共享为条件，形成具有强大交互性网络系统。在这个系统中，政府管理型组织对各类体育组织履行监督和管理职能，使其沿着健康的轨道发展。具体来讲，以政府管理型体育组织为主导，以体育社会组织和基层全民健身组织为核心，以群体单项体育协会、体育锻炼指导站为基础，以体育健身设施为依托，以社会体育指导员为骨干，以群众为主体，建立综合性全民健身组织网络。

三、以小城镇发展为契机，推动农村全民健身组织的发展

小城镇指的是乡镇和发展起来的村庄，属于镇和村之间，具有城镇的一些功能，但是从村发展而来，以非农业人口为主。小城镇属于农村与城市的交会地带，是农村城市化建设的重要动力，具有一定的组织能力。

小城镇具备社会经济聚集与辐射的基本功能，能够进一步推动农村发展。小城镇发展使当地人们生活水平不断提高，休闲时间日益增多，人们逐渐开始重视健康，开始积极参与健身运动。因此，以小城镇的发展为契机，可以大力推动农村全民健身组织的发展。

四、充分发挥全民健身组织的作用，组织丰富多彩的全民健身活动

（一）组织健身活动

社区体育健身活动在突出健身功能的基础上要具有趣味性、休闲性和社交性。可以社区、家庭为单位，定期开展羽毛球、乒乓球、健身操等全民健身比赛。农村地区结合本地的实际条件和文化传统，制定符合群众实际的健身计划，充分发挥农民体育协会、体育辅导站的作用，结合农民群众的生产生活实际，开展诸如"耕田比赛""收割大比拼""搬运重物""插秧比赛"等趣味活动，丰富村民的业余生活。在开展体育健身活动时，要积极获取上级部门的支持，同时，做好对骨干分子的管理，促使体育活动站点持续发展。

（二）开展体育旅游活动

节庆活动指的是根据各地的发展特点，开展的一些体育旅游活动。农村地区依山傍水，自然资源丰富，有条件的可开展登山、徒步旅行、钓鱼等户外体育活动。

（三）以竞技体育带动全民健身热情

各地可定期举办面向全体群众的运动会，以满足他们的体育竞赛需求。此外，还可组织群众欣赏高水平的体育赛事，提高人们对体育运动的认知，通过竞技体育推动全民健身事业的发展。

五、加强内部建设，推进基层体育组织发展

加快基层体育组织管理干部、骨干成员的专业化、年轻化进程，招聘政治素质好、业务能力强、工作热情高的体育人才，将团队中老干部的经验和年轻人的朝气相结合，将其对体育健身的热情转化为基层体育组织建设的动力。

提高服务水平，壮大公益性社会体育指导员队伍，提高营利性体育场所的服务质量，为群众提供优质的体育健身服务。

增强自律意识，大力培育民间基层体育组织，进一步规范组织的行为，使组织成员遵守相应的规章制度，确保基层体育组织平稳有序发展。

六、加强体育俱乐部建设

各级政府和体育行政部门应大力支持并制定相关政策，在登记注册、业务指导、设施配备、资源管理等方面尽可能提供帮助，以成立各类体育俱乐部，以体育俱乐部的形式开展各项体育活动。在建设各项体育俱乐部时，要提高安全管理意识，高度重视发展过程中的安全风险问题，加强风险管控、隐患排查治理以及安全投入，切实提升社会体育俱乐部安全水平，保障人民群众生命财产安全。培训工作要明确培训宗旨、规范招生行为、严格收费管理、科学设置课程，开展反兴奋剂知识教育等。

第三节　全民健身管理体系建设

全民健身管理是指在全民健身的组织活动中，管理者通过各种方式整合资源，实现全民健身目标的过程。随着经济发展、社会进步，我国居民的生活方式和生活观念也发生了改变，这既为全民健身活动提供良好的社会环境，同时也对全民健身提出新的要求。在这个背景下，加强对全民健身事业的管理，促进全民健身事业健康、协调、有序发展，成为各部门需要解决的问题。

全民健身的管理工作不仅是政府的工作，也是企业、事业单位的工作；不仅是各级工会、妇联、共青团等团体的责任，也是社会体育组织的职责。全民健身管理需要各级体育行政部门与各级各类组织通力合作、相互配合，这样才能建设系统性的多元化全民健身服务体系，使资源配置最优化、管理工作规范化、服务效益最大化。我国现行的全民健身管理体系，如图 6-2 所示。

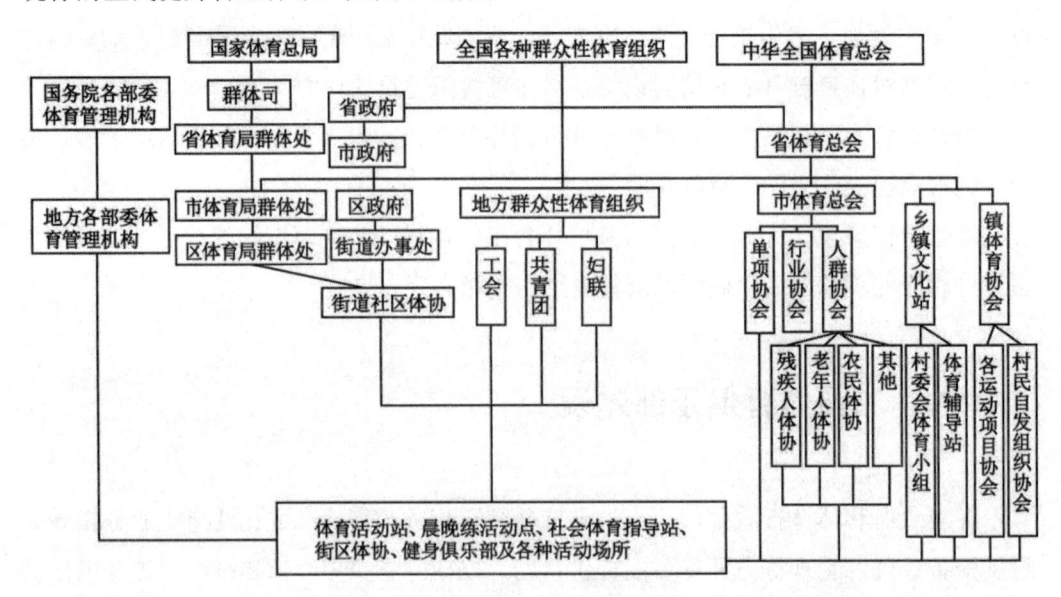

图 6-2　我国现行的全民健身管理体系

一、创新机制，转变政府职能

长期以来，我国体育行政部门的各级群众体育管理机构直接承担对群众的管理职能，在管理中处于主体地位，具有权威性。群众体育管理的改革重点是从管办结合向宣传引导、经济资助、技术支持、跟踪监督的方向发展。政府要转变职能，改革组织管理机构，把一部分权力赋予社会，鼓励社会参与，让市场发挥主导作用，促使体育组织社会化，使其具有自我决策权力，充分利用第三部门在体育产品和服务供给上的优势，形成由各级政府领导和体育局主导、其他部门协同配合的全民健身管理体系。

在全民健身社会化过程中，积极调动各方力量，政府、学校、企事业单位、家庭、社区都要参与进来，充分发挥工会、共青团、妇联、居委会等团体在管理方面的组织作用，建立体育协会、体育指导站、体育活动中心、体育俱乐部等，建设社区体育组织网络，充分整合各项体育资源，联合医疗卫生部门，积极提供体育健身指导、健身处方等服务，并逐步扩大服务范围，努力实现体育健身公共服务常态化，形成体育服务体系。

二、建立符合全民健身发展要求的管理体制

建立由政府、街道办事处、居委会和体育活动站四个层次组成的社区体育管理机构，以政府为主导、街道办事处为实施主体、居委会为组织依托、体育活动站为活动基地，建设一个规范的社区体育管理体系，为我国城市地区开展全民健身活动做好保障。

针对农民的实际情况，将工作重点放在宏观调控和基本设施建设上，建立规范的管理体系。大力建设新农村全民健身服务体系，充分调动群众的积极性。鼓励大胆创新，建立新型管理机制，以农村体育基础设施建设为切入点，号召农村学生走出校园，到农村社区参加体育活动，实现农村学校与农村群众的联动，以此推动农村体育的发展。

推进群众体育的社会化管理，将民间自发性的体育协会转变为具有法人资格的体育社团；结合群众爱好，建立群众体育俱乐部，在社区内兴建自主运营和管理的体育

场馆；基层政府自建街道社区服务中心，推行街道体育管理，制定辖区内群众健身计划，采取宏观指导性管理，提供骨干分子培训与指导服务。通过群众社团和群众体育俱乐部的建设，使群众体育运动市场化、商业化、产业化，谋求自我发展。

政府应充分贯彻"人本化"的群众体育管理理念，在社区体育、乡镇体育、农村体育中采取相应的管理措施。在经营型群众体育的管理上，以经营者为中心，为他们提供更大的发展空间，充分调动他们的热情。

体育组织利用自身资源，依靠组织成员的力量，尝试经营自主、管理自主、服务自主的一体化，做到活动时间固定、活动场所稳定、活动内容稳定，实现群众体育生活化。

三、建立全民健身管理网络，加强各部门之间的联系

在全民健身服务体系中，管理网络充当着指挥系统的角色。全民健身管理应构建由中央、省（区、市）、区（县）、办事处（镇）和社区等体育组织逐级相连的网络体系结构。

各级政府体育管理部门要敢于转变职能，发挥调控和指导的作用，对公益型的群众体育组织的管理工作负责，充分发挥体育总会、体育中心、单项体育协会的作用，大力推动社区体育指导机构的发展，为群众性健身活动提供组织保障。

构建全民健身网络管理系统要符合整体性原则，以确保全民健身组织管理体系的协调、筹划、管理及实施得以顺利实现。在构建管理网络的过程中，要格外关注体育基层管理组织与其他体育组织的联系，因为各组织之间联系越密切，越有利于管理体系中各因素的协调。

四、加强基层全民健身管理队伍建设

全民健身活动的顺利开展除了要得到领导的重视，还要有管理队伍作为保障。各级政府在全民健身相关工作中的一项重要职能就是加强基层全民健身管理队伍建设。首先，加强对全民健身管理人员的培训；其次，加强管理者与健身群众的沟通互动，

在组织内外形成良好的关系网络，形成协作精神和团队精神，营造良好的管理氛围，使所有群众都有机会表达自己的真实想法，进而使管理人员充分了解人民群众在健身方面的真实需要，使全民健身资源在全社会的合理配置得以实现。

第四节　全民健身指导体系建设

全民健身指导体系是由以专业社会体育指导员为健身指导实施主体，以健身辅导站、健康咨询中心、体质监测站为基地，以健身指导、健康咨询、体质监测为主要内容和手段而组成的实施全民健身指导的体系。我国现行的全民健身指导体系，如图 6-3 所示。

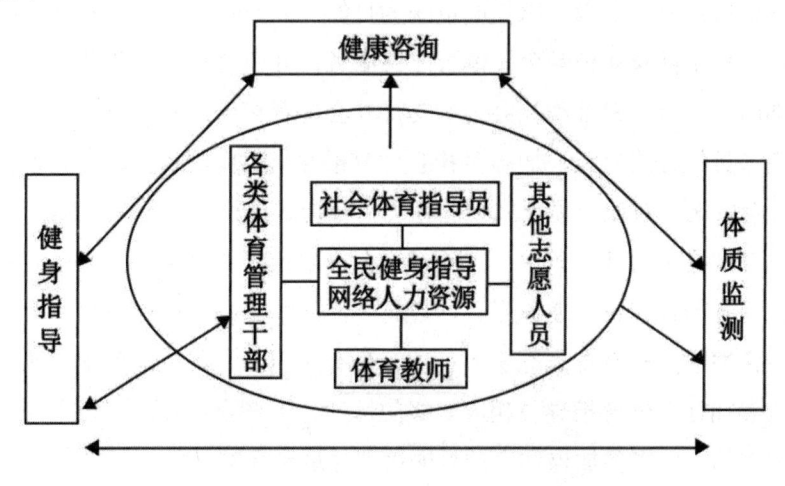

图 6-3　我国现行的全民健身指导体系

一、开展宣传活动

为了深入开展全民健身工作，要充分利用电视、广播、报刊、网络等传媒渠道的资源，大力开展体育法规、健身方法等方面的宣传工作，使群众加深对体育法规的认识，主动传播科学的体育健身知识和锻炼方法。

各级体育管理部门要意识到媒体宣传的重要性，及时向人民群众发布体育健身的相关信息，既可以在电视台开设体育健身专栏，邀请体育专家讲述体育健身的相关知识，解答群众关于体育健身的问题，也可以在报纸上开设体育健身专栏，宣传科学健身的知识、方法和作用，还可以采用公益广告的形式，以生动的语言和形象的动画宣传《全民健身计划纲要》《中华人民共和国体育法》《全民健身条例》。此外，在互联网时代，要充分利用便捷、快速的网络，提高体育健身服务体系的整体功能和服务水平，整合各类信息资源，服务全民健身活动。

二、加强对社会体育指导员等体育人员的培养

（一）对社会体育指导员的培养

社会体育指导员，是指不以收取报酬为目的，向公众提供传授健身技能、组织健身活动、宣传科学健身知识等全民健身志愿服务，并获得技术等级称号的人员。各级体育主管部门应当组织和推动社会力量支持社会体育指导员开展志愿服务，依法保护社会体育指导员的合法权益，加强对社会体育指导员工作的宣传，扩大社会体育指导员工作的社会影响，对取得显著成绩的社会体育指导员给予表彰。

社会体育指导员的基本条件：①具有完全民事行为能力的中华人民共和国公民；②具有志愿服务精神和良好道德素养，遵纪守法；③热心全民健身事业，正在开展或准备开展经常性的全民健身志愿服务；④接受有关组织和单位的管理，承担指派的工作任务；⑤参加社会体育指导员相应等级的培训，考核合格；⑥所传授的体育项目有技能标准要求的，应当参加该体育项目的培训并达到标准。

社会体育指导员的特许条件：①社会体育指导员应当具备的等级条件，根据申请者的具体情况，可在体育健身技能传授指导或组织管理方面有所侧重；②近5年取得高等体育专业学历的人员、在职体育教师、职业社会体育指导员、教练员和优秀运动员在申请授予社会体育指导员技术等级称号时，可以放宽培训考核与连续开展志愿服务年限的要求，直接批准授予二级以上社会体育指导员技术等级称号；③作出突出贡献的社会体育指导员，在申请晋升等级称号时，可以适当放宽连续开展志愿服务年限的要求。

制定发展计划，建立一支作风好、素质高、能力强的职业社会体育指导员队伍，使其不断发展壮大。为社会体育指导员创造良好的社会环境，使得社会认可社会体育指导员这个职业，尊重他们的劳动，激发他们的工作热情。重视兼职社会体育指导员的作用，鼓励志愿者提供无偿或低偿服务。

完善社会体育指导员的培训制度。培训目标要将社会和群众对社会体育指导员的需求密切结合，明确区分不同类别、不同级别、不同项目的社会体育指导员在体育健身指导中的具体作用，完善培训制度，建立监督机制。在培训内容上，突出知识的时代性和应用性；增设实践课，凸显社会体育指导员的主体地位，将学习的自主权交给学员，建立统一的考核制度。

完善社会体育指导员的继续培训制度。在现行的培训制度中，随着培训学习的结束、资格证书的取得，社会体育指导员难免会放松，可能会存在适应不了群众日益变化的需求的情况。因此，要引入社会体育指导员继续培训的全新概念，制定适应时代发展要求的社会体育指导员培训制度。

建立培训基地，构建社会体育指导员管理网络体系。定期请业内专家进行指导，并对已获资格证书的社会体育指导员进行登记，向他们提供就业信息，推荐就业岗位；建立服务对象信息档案，为社会体育指导员和健身者打造一个网上互动交流平台。

科学划分社会体育指导员的类别，建立管理机制。我国的社会体育指导员主要有青少年体育指导员、职工体育指导员、老年人体育指导员、休闲娱乐体育指导员、医疗康复体育指导员、竞技体育指导员等。

完善社会体育指导员的资格认定及监督体制。完善相应的政策法规，采取行政手段进行管理，对社会体育指导员资格认定制度进行改革，规定培训课程内容、时数及考核标准，采取严格的审批手续，实行规范的资格证书颁发程序，制定社会体育指导员评聘制度。全国各体育学院要发挥其龙头作用，国家级社会体育指导员培训基地和各地方社会体育指导员培训基地、站、点要充分发挥主渠道的作用。

加强社会体育指导员队伍建设。建立健全社会体育指导员组织体系，充分发挥各级社会体育指导员协会的作用，做好对社会体育指导员培训、管理和服务工作。完善社会体育指导员技术等级制度，建立投入和激励机制，不断发展壮大社会体育指导员队伍，优化结构、增强活力。各级体育行政部门要提供培训经费，完善培训体系，创新培训方式，提高培训质量，为社会体育指导员开展工作提供必要条件和便利。积极发展职业社会体育指导员，完善社会体育指导员国家职业技能标准，严格按照有关规定开展职业技能培训和鉴定工作。以对高危险性体育项目进行健身指导为职业的社会体育指导人员必须获得社会体育指导员职业资格证书后持证上岗。鼓励和支持退役运动员通过职业技能培训和鉴定，拓宽就业渠道，为全民健身服务。

各级体育部门将社会体育指导员工作作为全民健身工作的重要抓手，积极探索具有中国特色的社会体育指导员工作新思路，推出改革举措，着力解决制约社会体育指导员工作发展的难点、重点问题；在坚持政府主导的前提下，充分发挥各级社会体育指导员协会的作用，实现管办分离，构建体育行政部门与体育社团有效衔接和良性互动的管理、运行和服务机制；加强社会体育指导员理论体系建设，开展调查研究，总结经验，推广典型，制定社会体育指导员工作规划、计划和政策措施；加强分类指导，针对不同地区、不同对象采取不同措施、不同方法开展工作；充分调动基层文体组织管理人员的积极性，吸收他们进入社会体育指导员队伍；在有条件的地区设立社区社会体育指导员公益岗位；组织、引导广大社会体育指导员深入基层、服务群众，确保社会体育指导员工作的健康持续发展。

按照"以用为本，学用结合"的原则，完善社会体育指导员培训制度，提高培训工作的科学性、针对性、实效性；加强各级各类培训基地建设，制定培训基地建设标准，做好培训基地设施配备及师资队伍建设，开展培训基地评估检查；按照培训大纲要求，规范各级社会体育指导员培训工作，鼓励地方从本地实际出发增加特色培训内容，科学制定年度培训计划，加强培训质量检查；拓宽培训渠道，鼓励单项体育协会、行业体协等社会组织参与培训工作；探索技能培训的新办法，积极开展网上培训，组织选派专家、优秀社会体育指导员到基层巡回讲课辅导，通过各种形式的培训，不断提高各级社会体育指导员体育健身指导服务水平。

全面发挥社会体育指导员作用。为社会体育指导员开展体育健身指导服务搭建平台，创造条件，提供保障。组织发动社会体育指导员经常、广泛开展科学、安全、方便、高效的体育健身指导服务，在城乡社区各健身站（点）、各类健身场所、各种全民健身场所均配置社会体育指导员，使社会体育指导员真正成为全民健身宣传者、科学健身指导者、群众体育活动组织者、体育场地设施维护者、健康生活方式引领者。

（二）对其他体育管理人员的培养

制定体育管理人员培训制度，促使体育管理人员学习新的管理知识，提高自己的知识水平和技能水平，从而提高工作效率，促进我国全民健身事业不断发展。

充分发挥辖区内行政单位的体育干部、体育教师、业余体校教练员，特别是热爱体育的体育特长生和退休人员的作用，动员他们参与全民健身活动的指导工作。

（三）对社会体育专业健身指导人员的培养

1.更新教育理念

高校社会体育专业教育要强调学生的主动性和创造性，培养学生独立思考、善于探索、勇于创新的品质，做到从高校中来，到社会中去，广泛联系体育俱乐部、社区体育活动中心、体育培训班、健身活动场所，采取多种形式与它们合作，最大限度地引导学生将理论应用于实践，再在实践中总结经验，使学生在实践活动中实现自我完善和自我发展。

2.优化课程体系

科学合理知识结构的形成源自系统的课程体系，因此要对课程体系进行优化。具体来说，可从以下几个方面着手：增加实用性课程，如体能测试与评价、运动后恢复、运动营养、运动损伤的应急处理等；加大实践课的比例，提高学生的技能水平。在教学过程中，采用启发式的教学方法，拓宽学生的思路。

3.构建科学的教学评价体系

根据评价的相关理论，建立横向维度（基础性要素指标：教师行为、学生行为）和纵向维度（过程性要素指标：教学目标、教学方法、教学过程、教学效果、教学反思）的评价体系，对教学的整个过程进行评价。

三、开发健身指导软件

随着全民健身活动的开展，健身的理念已得到绝大多数人的认可，相关的科学研究工作已全面展开并取得丰富的成果。这些研究成果已应用于健身指导实践。目前，与健身指导相关的软件有体质评价、运动处方及营养膳食软件三类。成人体质测试智能评价系统、运动处方专家系统、营养指导软件等，已经广泛应用于全民健身指导中。

我国开发的健身指导软件只涉及体质评价、运动处方及营养指导三个部分，而运动监控和健身效果评价尚未涉及，这会导致健身指导软件的功能受到影响。因此，结合体质监测的实践经验，遵循科学性和应用普及性原则，将体质评价理论与计算机技术相融合，逐渐向系统化、智能化和信息化发展，开发出更好的软件，为全民健身指导服务。

四、建设全民健身指导网站

全民健身指导网站具有传播健身知识、介绍健身手段、宣传健身活动等多种功能，可以把全民健身的相关信息在第一时间内传达给广大网民，在全民健身活动的宣传中处于重要地位。

全民健身指导网站要有图形数据库、专家互动平台、友情链接等内容；要做到设计美观实用，优化页面代码，建立站点镜像，使用户能浏览大量信息，以满足自身需求；要收集健身者提出的相关问题并做出解答，为用户提供健身锻炼的视频课程，方便用户学习；要开设论坛，使用户能在网络上找到健身伙伴，从而达到相互交流、共同进步的目的。

五、成立健身辅导站

（一）充分发挥健身辅导站的作用

每年由健身辅导站负责人制定健身辅导站的全年培训计划，标明所需经费，将其列入财政预算之中。

（二）建立科学的管理制度

为了确保健身辅导工作规范化，应制定健身辅导站工作时间表和活动安排表，安排好健身时间、健身活动内容，以满足大众多元化的健身需要。

（三）将社会体育指导员分配到各个健身辅导站点

把具有上岗资格的社会体育指导员配备到健身指导站中，让他们为健身人群提供服务。

（四）建立健身辅导站奖惩机制

以为健身人群提供健身服务的数量和质量为评价标准，以享受指导服务的健身者为评判者，政府有关部门对健身辅导站进行评价。

六、建立健康咨询中心

政府相关部门成立公益性质的健康咨询中心，同时，支持社会组建体育健康咨询中心，提供有偿咨询服务，进而形成以公益性健康咨询中心为龙头、以众多社会体育健康咨询中心为主体的体育健康咨询中心体系。

社会体育健康咨询中心可以聘请相关专业人员成立专家组，让其根据咨询对象的性别、年龄、个性特点、身体状况和文化程度，开展一对一的健康教育，提高群众的健康水平和卫生保健能力，满足群众需求。专家组由临床经验丰富的医生、有体育健康咨询经验的体育工作者、具有相关专业知识的心理医生和社会体育工作者等人员共同构成。

社会体育健康咨询中心应配备相应设备，包括但不限于听诊器、血压器、秒表、皮褶厚度测量仪、心电图机、跑步机、骨密度仪、握力器等。

运动处方对健身者选择健身方式具有重要的参考作用。因此，在制定运动处方前，相关人员应先询问健身者的健康状况和既往病史，了解其参加健身或康复运动的目的；对健身者进行体检，体检项目包括身高、体重、胸围、肺活量、皮脂厚度、脉搏、血压、视力等；进行体能测试和运动试验。

七、构建绩效评价体系

绩效评价是指组织按照既定标准和一定的评价程序，运用科学的评价方法，按照评价的内容和标准，对评价对象的工作能力、工作业绩进行评价。绩效评价体系由一系列与绩效评价相关的评价制度、评价指标体系、评价方法、评价标准构成。

全民健身指导体系绩效评价主要是对全民健身指导的目标、过程、结果等的评价，以及时发现工作中的不足。因此，应当针对全民健身指导体系中的健康咨询中心、健身指导站、体质监测站等子系统，构建绩效评价体系。

第五节　全民健身体育人才体系建设

《体育强国建设纲要》从新时代我国体育所处的历史方位出发，科学回答了体育强国建设需要什么样的体育人才，以及如何培养体育人才这两个关乎体育人才队伍建设的根本性问题。《体育强国建设纲要》指明了未来体育人才的培养方向，就是要着力培养更多高水平高层次的复合型体育人才。体育工作必须与现代科学技术、人文社会科学进行自觉的深度交叉融合，走出一条"体育＋""＋体育"开放式、融合式发展之路。体育强国的建设使体育的功能边界得以拓展，客观上构建起一个更加开放的体育发展格局，这对体育人才发展提出了更高要求，传统意义上的体育人才已难以适应体育事业发展的新要求。为此，应在战略层面全面探索新时代体育人才工作新体系，为"能出人才、多出人才、快出人才、出好人才"提供强有力的支撑。《体育强国建设纲要》指明了体育人才开发管理体制机制的改革方向，就是要构建系统开放、协同合作的体育人才治理体系。因此，必须要打破传统的体育人才开发管理系统，坚持举国体制与市场机制相结合，坚持党和政府对体育人才开发管理的主导地位，充分发挥市场在体育人才资源配置中的决定性作用，充分激励和引导其他领域，包括市场和社会力量参与到体育人才治理过程中，构建各领域、各主体协同合作的体育人才治理体系。

一、树立新的体育人才观

要构建现代化体育人才治理体系,培养更多高水平高层次复合型体育人才,核心是要构建科学合理的体育人才发展生态系统。逻辑上,体育人才观、体育人才专项工程和体育人才工作体制机制创新是构成体育人才发展生态系统的三个核心要素。新时代加强体育人才工作首先要树立新的体育人才观。习近平总书记指出:"我们有凝心聚力办大事的自信,要把最好的资源凝聚起来,发挥各类人才的智慧,聚天下英才而用之。"所谓崭新的体育人才观,就是要树立强烈的人才意识,确立事物相互联系的观点,着力破除体制机制障碍,探索创新"体教结合、体科融合、体产联合、体文耦合"的开放协同理念,实现人才的多元产出和高效配置,聚优才、择良才为体育所用,形成与目标任务相适应的体育人才层次梯队和合理的体育人才结构。

二、大力实施体育人才专项工程

一是要结合体育强国建设"三步走"战略规划,制定体育人才发展中长期规划和相互协同的体育人才工作政策体系。二是要大力实施体育人才引智工程,实施体育人才发展战略,如全民健身人才战略、奥运争光人才战略、体育产业人才战略、体育文化人才战略等。

三、创新体育人才工作的体制机制

第一,落实人才优先发展的战略。首先,完善体育人才生态建设。充分发挥人才集聚的"虹吸效应",搭建人才发展载体平台,加大对人才的支持力度,力争做到对内产生凝聚力、鼓舞力和驱动力,对外产生影响力、静力和吸引力。充分发挥人才的"溢出效应",通过创造必要条件,提供良好环境,对人才的引进、培育、使用和服务配备激励政策,让政策效应得到充分释放。其次,优化人才队伍结构。处理好群众体育、竞技体育、体育产业三大主体体育人才发展不均衡的问题;体育科教人才、体育文化人才和新兴领域体育人才发展不充分的问题。最后,转变国家队的选拔体制,打破国籍、地域、行业的局限，打通职业体育的人才通道，跨选、跨练、跨赛，真正把有潜力、有优势的竞技体育项目人才发掘出来。此外，全面深化体教结合模式的改革，重视对运动员文化素质的培养，提升运动员队伍的综合素养和整体水平。对中西部地区进行政策倾斜，加大对偏远地区的政策支持力度。

第二，大力实施体育人才引智工程，对标体育强国建设任务，做好体育强国建设顶层设计，在人才问题上要聚焦体育强国目标。体育人才引智工程要始终坚持围绕中心、服务大局的基本原则；引智目标要重点聚焦"高精尖缺"导向，着力引进体育事业发展急需紧缺的高端人才。紧紧围绕群众体育、竞技体育、体育产业等各项体育事业发展实际需求，精准定位才智需求，在加大引进竞技体育国外智力，继续增强我国竞技体育综合实力的同时，花大力气做好群众体育和体育产业国内外智力的引进工作。瞄准体育领域海内外高端人才，构建"引进柔性、使用弹性、服务个性"的体制机制，形成才智集聚"强磁场"，实现体育才智资源"精准匹配、灵活驻留、协同共享、深度开发"，不断推动我国体育事业高质量发展。

第三，实施体育人才发展战略。全民健身人才战略包括启动国家级"运动处方师"培训工程、"运动防护师"培育工程；不断壮大社会体育指导人员规模；顺应移动互联网、大数据、云计算、人工智能等新技术的发展趋势，积极推进"体育信息员"培养工程。奥运争光人才战略包括坚持以全面深化竞技体育体制机制改革为引领，以创新驱动为关键，以优化结构布局为重点，遵循竞技体育发展规律，进一步增强我国竞技体育的综合实力和国际竞争力。体育产业人才战略包括以提高体育产业水平为目标，以高层次体育产业人才为重点，以高等院校、体育协会、民间体育组织为依托，打造一支熟悉体育经济工作规律，了解体育业务，具备财务管理、市场运作、经营开发和产业管理能力，适应体育发展需求的体育产业人才队伍。体育科教人才战略包括坚持教育为本，把科技和教育摆在体育事业发展的重要位置，增强国家对体育科技人才和体育教育人才的培养力度，提高科技、教育对体育事业的贡献率。体育文化人才战略包括从提升体育文化软实力、体育文化传承与创新、体育文化传播与推广等方面来培养弘扬民族体育精神的体育文化人才。

第四，面向未来，体育人才队伍建设必须遵循社会主义市场经济规律、体育事业发展规律和体育人才成长规律，全面深化改革，不断创新体制机制。具体来说，就是要立足体育人才发展的"全方位""全过程""全周期""全要素"，坚持体育人才的系统性开发，构建由人才预测机制、规划机制、选拔机制、培养机制、使用机制、配置机制、评价机制、保障机制等构成的新时代体育人才工作机制体系。

四、牢牢坚持并不断完善举国体制

举国体制是以国家利益为最高目标，动员和调配全国有关的力量，包括精神意志和物质资源，攻克重要发展任务的工作体系和运行机制。举国体制符合我国国情，具有比较优势。新时代，要在牢牢坚持中国特色社会主义举国体制的基础上，结合顺应新时代新任务新要求，逐步构建新型体育人才发展举国体制。

第一，坚持党管人才基本原则。必须坚持和完善党的领导，坚持党管干部、党管人才原则，加强党对体育事业的领导核心地位。强化党对体育人才工作的领导，确保人才工作的正确方向。坚持党管人才、管宏观、管政策、管协调、管服务，发挥党委（党组）在人才工作中的核心领导作用，保证党的人才工作方针政策全面贯彻落实。发挥政府在体育人才工作中的主导性作用，发挥市场在体育人才配置中的基础性作用。加强人才思想政治工作，培育和践行社会主义核心价值观，强化奥运精神与中华体育精神的贯穿融入。

第二，营造公平竞争、流动有序、开放透明的体育人才发展大环境，提高各体育人才工程及项目的实施、监管透明度。推进体育人才治理法治化、开放化与科学化建设，做好体育人才发展法治保障规制的有效供给，深入推进与体育人才发展相关激励政策的颁布、实施，加强区域间、行业间人才治理模式的交流、合作，取长补短，完善体育人才治理手段。

第三，转变政府人才管理职能，根据政社分开、政事分开和管办分离要求，强化体育行政管理部门在人才宏观管理、政策法规制定、公共服务监督保障等方面的职能。充分发挥市场在体育人才资源配置中的决定性作用，把市场机制引入到体育人才制度之中，遵循市场竞争规律、供求规律和价值规律，通过价格机制、竞争机制配置体育人才资源。大力培育和扶植体育人才服务的社会专业组织和第三方人才中介服务机构，探索政府体育人才工作部门与公共机构、民间组织、私营单位等多元主体的合作治理模式。

第四，坚持分类管理，构建立体完备、闭环运转、内外交融的人才政策体系。有效实施分类管理人才政策，科学谋划体育人才改革思路和政策措施，促进体育人才规模、质量和结构与体育事业发展相适应，增加人才投入，推进分类施策、分类管理、分类指导和分类评价。

第七章 城乡联动的多元化全民健身服务体系建设

第一节 城市多元化全民健身服务体系建设

一、城市全民健身设施的布局与规划

城市全民健身设施的布局与规划是城市多元化全民健身服务体系建设的重要组成部分，它不仅关系城市居民的健康水平和生活质量，也能体现城市管理者对公共资源的配置能力。在进行城市全民健身设施布局与规划时，需要深入分析多种因素，包括人口密度、城市居民运动习惯、城市地理环境，以及现有的基础设施等，以实现全民健身的目标。

明确城市居民的健身需求是合理规划城市全民健身设施的前提。不同年龄、职业、性别的城市居民在健身需求上有显著差异。因此，政府相关部门需要通过问卷调查、社区访谈等方式全面了解城市居民的健身需求。例如，年轻人偏爱篮球、足球等体育项目，而老年人则更倾向于太极拳、广场舞等活动。这些信息的收集和分析为城市全民健身设施的布局提供了科学依据。

健身设施的类型和数量应根据城市人口密度和分布情况合理配置。例如，在人口较多的区域，设立健身中心、公共体育场馆等；在人口较少的区域，设置一些健身路径，确保资源合理利用。

在进行城市全民健身设施规划时，可以充分利用城市中的自然资源，如河流、山地、森林等，打造综合性的健身环境。一些沿河的绿道、不规则的小广场等都是非常

好的健身场所，它们不仅能够为城市居民提供健身活动的空间，还能提升城市的整体绿化水平和环境质量。这种与自然环境相结合的布局方式有助于城市居民在运动的同时感受到自然的魅力。

在健身设施的具体设计上，应考虑不同人群的需求。例如，为老年人和残障人士设置无障碍通道，保证他们能方便、安全地使用健身设施。

为了进一步提升全民健身设施的利用率，还应注重配套服务体系的完善。例如，配置专业的健身指导员、举办各类健身活动、定期维护和更新健身设施等，提高市民参与健身活动的积极性。特别是健身指导员能够为市民提供科学的健身指导，避免不当运动造成的损伤，为市民带来更好的健身体验。

健身设施的智能化管理也是未来的发展方向。用智能化的手段对健身设施进行管理，不仅可以提高资源的利用效率，还能为市民提供更加便捷的服务。例如，借助物联网技术和大数据分析，可以及时了解健身设施的使用情况，为市民提供实时预约、场地查询等服务。

城市全民健身设施的布局与规划是一项复杂的工程，需要政府部门的总体规划、市民的积极参与、社会力量的支持。不断完善城市全民健身设施的布局与规划，可以为市民营造一个良好的生活环境。

二、社区健身活动的组织与管理

社区健身活动的组织与管理是城市多元化全民健身服务体系建设的重要内容，具有提升社区居民健康水平、促进社区和谐、增强社会凝聚力等多重功能。社区健身活动的组织与管理能够激发居民参与体育锻炼的热情，培养居民健康的生活方式，推动全民健身事业发展。

考虑社区居民的年龄结构、兴趣爱好、健康状况等因素，确保社区健身活动内容丰富多彩、形式多样，具体包括有氧操、广场舞、太极拳、慢跑等多种项目，以满足不同居民的需求。在组织社区健身活动的过程中，社会体育指导员的参与尤为重要，他们能够根据居民的实际情况提供专业的建议和指导，确保健身活动的科学性和安全性。与此同时，还需要合理安排健身活动的频次和时间，使之与居民的作息时间相匹配，以提高居民的参与率。

此外，社区健身活动的组织还需要注重公共资源的优化配置。合理布局社区内的体育设施，充分利用现有的场地资源，如社区公园、广场、学校操场等。一些老旧社区或场地资源有限的区域，可以通过和企业合作，争取更多的资金投入，逐步扩大社区体育设施的覆盖范围，提高健身服务质量。公共资源的有效利用与合理配置，直接关系社区健身活动的顺利开展。

社区健身活动的管理是城市多元化全民健身服务体系建设不可或缺的重要环节。建立健全的管理制度，从健身活动的筹划、组织到实施等环节，都需要有详细的操作流程。社区健身活动的管理需要有专人负责，可以由具备较高的管理能力与组织协调能力社区体育指导员、物业管理人员或志愿者担任。管理人员在健身活动的开展过程中，应当全程参与，及时解决突发问题，确保活动有序进行。此外，还需要建立反馈机制，及时收集居民对健身活动的意见和建议，不断提升健身活动的质量。

对社区健身活动进行管理还包括安全保障措施的落实。在健身活动开展前，需要对健身场地、健身器材进行全面检查，确保无安全隐患。对于一些高强度或特殊的项目，应进行必要的安全培训和指导，避免安全事故的发生。在活动过程中，管理人员应关注参与者的身体状况，及时提供医疗救助；如果有老年人或患有慢性病的居民参加，更需要特别关注，对其给予个性化的指导和照顾。安全保障措施的到位，不仅能确保健身活动顺利进行，更能提高居民的参与积极性。

社区可以通过张贴海报、发放宣传单等方式，向居民介绍健身活动的益处，加深他们的认识和理解；还可以通过开设健康讲座，普及健康知识，提升居民的健康意识。此外，为了吸引更多居民参与，可以组织一些健身活动比赛，如广场舞比赛、健身操比赛等，激发居民的兴趣。

社区健身活动的发展离不开社会各界的支持。地方政府可以出台相关政策，加大对社区健身活动的支持力度，如提供财政补贴、减免场地费用等。多方力量的共同参与，可以形成良好的社会效应，推动全民健身事业不断发展。

在组织与管理社区健身活动的过程中，还需要注重信息化技术的应用。现代科技的进步使得信息化管理手段日益丰富，因此社区可以借助健身活动管理系统，对活动的报名、签到等环节进行科学化、系统化管理；还可以建立社区健身活动在线互动平台，方便居民了解活动信息、交流健身心得，从而提升居民参与健身活动的积极性。

社区健身活动的组织与管理不仅是推进全民健身工作的一个重要环节，更是构建和谐社区、助推社会健康发展的重要手段。科学的规划、完善的管理制度、多方力量的支持与信息化技术的应用,都是确保社区健身活动顺利进行的重要保障。通过不断探索和实践,社区可以构建一套行之有效的健身活动组织与管理体系,为全民健身事业的发展提供坚实的基础。

三、城市健身文化的推广与宣传

城市健身文化的推广与宣传是城市多元化全民健身服务体系建设的关键一环。良好的健身文化氛围能够提高市民的健身意识,进而推动社会整体健康水平的提高。

利用多渠道推广健身文化,可以使健身成为市民日常生活必不可少的一部分。政府可以制定相关的政策,确保体育设施的建设和维护。除了政策引导,政府还可以通过组织各类健身活动提高市民的健身意识。例如,定期举办健步走、跑步、广场舞等比赛,可以提高市民的健身参与度,形成健身的群体性效应。

社会各界的支持在健身文化的推广与宣传中同样至关重要。企业、社区及学校等社会主体在健身文化的推广中发挥重要作用。企业可以通过赞助或组织健身活动,向社会传递健康生活的重要性。学校应当开展多种形式的体育活动,培养学生的健身习惯。社区可以通过设立健身俱乐部、举办健康讲座和健身比赛等方式,提高社区居民的健身意识。多方的共同努力可以形成健身文化推广和宣传的合力,从而提高全民的健康水平。

在互联网时代,社交媒体的传播速度极快,影响力巨大,各主体可以利用社交媒体平台开展线上健身活动,发布健身视频教程,进行互动交流等,使健身文化的宣传更加广泛和深入。无论是报纸、电视等传统媒体,还是自媒体等新媒体,都可以成为推广健身文化的重要平台。利用媒体进行宣传,可以普及健身知识、推广健身理念、宣传健康生活方式。此外,还可以借助媒体报道健身案例和先进的人物事迹,通过树立榜样激发公众的健身热情。

传统的宣传主要通过广播、电视、报纸等进行,这种宣传方式虽然覆盖面广,但互动性较差。现代信息技术的进步为宣传方式的多样化提供了可能。例如,利用互联网平台,可以开展在线直播健身课程、健身挑战赛,还可以利用虚拟现实技术开发健身游戏,这些都可以极大地提高市民的参与兴趣。除此之外,各种形式的广告宣传,如在公交车站、公园健身器材上张贴宣传标语,在购物中心的电子屏幕上滚动播放广告等，都可以有效地传递健身信息，提高市民的健身意识。

宣传的内容应当具有科学性、合理性、贴近性、易于理解性。科学性是指宣传的健身知识和方法必须经过科学验证和实践检验，确保其安全性和有效性。合理性是指健身内容应具有针对性，考虑不同群体的年龄、性别、职业和身体状况等方面的差异。贴近性是指宣传的内容要与市民的生活实际相结合，倡导简单易行的健身方式，从而使健身变成人人可以接受、容易践行的生活习惯。易于理解性是指宣传的语言要通俗易懂，市民容易接受。

此外，健身文化的推广还应当考虑与传统民俗文化相结合。将传统体育项目和传统特色文化融入健身活动，可以进一步增强市民的文化认同感。举办龙舟赛、中秋舞龙等活动，不仅有助于健身文化的推广，还能丰富城市的文化内涵。

为了促进健身文化的传播，还可以设立健身文化奖项，对在健身文化推广中表现突出的个人和团体进行表彰。设立健身文化奖可以激励更多人参与健身文化的推广和宣传，形成良好的社会氛围。例如，可以在全市范围内评选"健身达人""健身家庭""健身社区"等。

总而言之，城市健身文化的推广与宣传需要政府、社会各界、媒体和民众的共同努力。推广健身文化，普及健身知识，使健身成为一种深入人心的生活方式，才能真正实现全民健身的目标，为城市居民的身心健康提供坚实保障。

第二节 乡村多元化全民健身服务体系建设

一、乡村健身资源的整合与优化

为了提高乡村居民的健康水平、生活质量，强化乡村居民的健身意识，整合与优化现有的乡村健身资源变得尤为关键。在推动乡村多元化全民健身服务体系建设的过程中，需要全面考察乡村特有健身资源，明确目标，采用科学方法，构建长效机制。

整合现有资源是乡村健身资源优化的基础。乡村丰富的自然资源、空闲土地及各类公共设施都是潜在的健身资源。例如，利用空闲田地建设健身步道、篮球场、羽毛球场。同时，学校和乡村图书馆也可以在闲暇时间对外开放，成为村民开展健身活动的好去处。

充分利用国家和地方政府的政策支持，形成良好的资金投入机制，对乡村健身资源整合与优化同样至关重要。政府应优先考虑对乡村健身基础设施建设的投资，提供专业指导。此外，还可以积极争取企业和社会组织的赞助，共同建设乡村健身设施。

现代信息技术也为健身资源的整合与优化提供了可能。互联网的普及，使得健身信息的传播变得更加便捷。例如，开通微信公众号，发布健身活动信息、健康知识、健身视频，鼓励村民参与线上线下结合的健身活动。

组织健身教育活动，宣传健身的重要性，转变村民的健身观念，培养其良好的健身习惯。邀请专业教练定期进村授课，指导村民进行科学的健身锻炼。举办形式多样的健身活动，增强健身活动的互动性，激发村民的参与兴趣，形成浓厚的健身氛围。

相关部门要根据村庄的人口分布、居民健身需求和现有设施情况，制定科学合理的健身设施布局规划。同时，考虑未来的人口和需求变化趋势，前瞻性地预留足够的建设用地，以满足未来的发展需要。

鼓励多部门、多行业合作，提高乡村健身资源的优化和整合效果，形成政府牵头、社会各界协同推进的工作机制。社会各界，包括学校、企业、医疗机构等，也要积极参与进来，提供相应的支持，共同建设乡村多元化全民健身服务体系。

乡村健身资源的整合与优化要注重村民的实际需求。从健身实际效果出发，提供有针对性的服务，使健身活动更具有吸引力。发展具有乡村特色的健身项目，如乡村越野跑、农田健步走等，这样不仅丰富了健身形式，更增加了乡村健身的趣味性。

建立定期评估和反馈机制也是健身资源优化的重要环节。通过建立评价体系，政府能定期对健身设施的使用情况和村民的满意度进行评估。在评估和反馈的过程中，要广泛听取村民的意见和建议，真正实现健身资源的有效利用。

二、乡村健身场地设施的建设

乡村健身场地设施的建设不仅是促进乡村居民身体健康的重要手段，更是助推乡村振兴、改善农民生活环境的关键所在。在全面推进乡村振兴战略的背景下，建设符合实际需求的乡村健身场地设施成为实现全民健身目标的必然要求。

乡村健身场地设施的建设必须因地制宜。不同乡村的地理环境和居民健身需求的差异性较大，因此，在建设健身场地设施时，应充分考虑当地的自然环境、地形特点及人文因素。例如，在丘陵地区，平整的土地资源相对有限，可以建设适合攀岩、越野跑等运动项目的健身场所；在平原地区，则可以建设田径场、球类场地等传统的健身活动场所。除了自然环境，文化习俗和居民生活习惯也应纳入考量范围，构建与乡村实际情况相匹配的健身设施体系，以满足不同群体的健身需求。

随着社会的发展，村民的生活水平和健康意识逐渐提高，对健身活动的需求也越来越多样化。传统的健身场地，如篮球场、羽毛球场等的建设固然重要，但也应建设一些具有特色的场地设施，如高空拓展设施、水上拓展设施等，这样可以吸引更多村民参与健身运动。同时，应建设一些针对性强的场地，如老年人健身区域、儿童活动区等，以满足老年人和儿童的健身需求。

绿色、原生态是乡村的特点，任何破坏自然环境的健身设施都不应进行建设。因此，在建设健身场地设施时，要注重与自然环境的融合，特别关注设施与乡村自然环境的和谐统一；应优先选用生态环保材料，避免对环境造成负面影响。同时，结合当地的自然景观，巧妙地将健身设施融入自然环境。例如，在依山傍水处修建健身步道、在生态公园内设立健身区等，建设既美观又实用的健身场地，满足村民的健身需求。

随着科技的进步，智能化设施在健身场地建设中的应用也逐渐增多。在乡村健身场地建设时，不仅要完善基础设施建设，还应积极引入智能化设备和系统，从而帮助村民开展健身活动，为村民提供个性化的健身服务。

健身场地设施的管理和维护至关重要。明确乡村健身场地的管理责任，最好由专门的机构或组织负责日常管理和维护工作；定期对设施进行检查和维修，确保健身活动的安全性，同时避免因设施老化影响使用的情况出现；组织村民参加健身场地的维护和管理工作，提高村民的参与感和责任心，营造共建、共治、共享的良好氛围。

政策支持和资金投入是乡村健身场地设施建设的重要保障。政府应积极出台相关政策，鼓励和支持乡村健身场地设施的建设。例如，可以通过设立专项资金、加大补贴力度、税收减免等手段，吸引社会资本参与乡村健身场地建设，解决资金不足的问题。同时，政府应加强对乡村健身场地设施建设过程的督查和考核，确保资金的合理使用和项目的有效推进。

三、农民健身意识的培养

农民作为乡村地区的主要生活群体，其健康状况和生活质量直接影响整个乡村的全面发展。然而，长期以来，由于信息获取渠道的限制、经济条件的制约，以及传统观念的影响，农民对健身的重要性认识不够，参加健身活动的积极性相对较低。因此，在落实全民健身战略的过程中，尤其要注重对农民健身意识的培养。

培养农民的健身意识，首先要让农民了解健身的重要性。相关部门要通过各种途径向农民普及健身知识，解释健身的积极作用。村委会可以举办健康讲座，邀请专业的健身教练或相关人员与农民进行面对面的交流，讲解科学健身的方法和注意事项。同时，可以借助广播、电视、互联网等手段，将健身知识分享给村民。

在让农民了解健身重要性的基础上，还需要结合乡村实际，开发适合农民的健身项目。农民的生活节奏与城市居民的生活节奏不同，农忙时节往往没有时间进行锻炼，因此应设计一些简单、有效的健身项目，如早操、太极拳、广场舞等，这些项目不仅可以锻炼身体，还具备一定的娱乐性，从而提高农民参与的积极性。同时，可以利用当地的自然环境和场地资源，配置一些便于农民参与的健身活动设施，例如，在村头建一个简易的篮球场，鼓励大家在农闲时进行适量的运动。

为了激发农民的健身兴趣，可以组织多种形式的健身活动和比赛。例如，举办村民健身运动会、村级拔河比赛、趣味体育活动等，让更多人体会健身的乐趣。同时，表彰在这些活动中表现突出的个人和团队，设立"健康家庭"等奖项，树立健身标杆，营造一种人人争当健身表率的良好氛围。

鼓励农民将健身作为日常生活的一部分，通过持续、长期的锻炼逐步养成健身习惯。村干部发挥带头作用，带领大家进行晨练或晚练；建立村民健身档案，记录村民的健身情况，让村民能够直观地看到健身带来的好处，从而坚定健身的信心。

在培养农民健身意识的过程中，还应注意对特殊群体的关怀。例如，针对老年人开展适合他们的健身活动，帮助他们进行科学的训练；对于青少年，则可以在学校和家庭的双重教育下，培养他们热爱运动的良好习惯。此外，还可以动员医疗机构、社会组织、志愿者等多方面的力量，共同参与农民健身意识的培养工作。

地方政府和相关部门应当为提高农民的健身意识和健身水平提供更多的支持。例如，利用财政补贴、政策倾斜等手段，改善乡村健身基础设施，让更多的村民能够便捷地使用健身设施；开展培训、讲座活动，提升乡村健身指导员的专业水平，使其能够有效地开展农民健身指导工作。

培养农民健身意识的最终目的是使农民成为具备良好健身习惯和健康生活理念的群体。只有当农民自身意识到健身的重要性，并愿意主动参与各种健身活动，乡村多元化全民健身服务体系的建设才真正具备坚实的基础。此外，总结乡村多元化全民健身服务体系建设过程中的实践经验，能为其他地区的全民健身工作提供有益的参考，推动我国全民健身事业的发展。

第三节　城乡全民健身服务体系联动发展

一、完善城乡健身服务资源共享机制

城乡健身服务资源共享机制的重点在于实现城乡健身服务体系的资源整合，旨在解决城乡间体育设施、教练资源、健康指导等方面存在的不均衡问题，使城乡居民共同享有优质的健身服务资源，提升全民健身的整体水平。该机制应从多角度、多层面进行探索，以确保其真正惠及城乡居民，推动全民健身事业全面发展。

城市健身资源通常具有相对较高的集中度，包括体育馆、公园、健身中心等基础设施，以及专业教练、医生等人力资源。而在乡村地区，因经济发展水平和基础设施建设水平较低，这些资源较为匮乏。

通过健身活动的合理规划和区域布局，优化城市和乡村的健身资源配置。例如，在乡村地区推行移动健身服务车，把优质的城市健身服务直接带入乡村，使农民无须远行便能够享有专业的健身指导和设备。此外，城市的健身机构可以派遣专业教练和健身指导员前往乡村开展培训，这不仅可以提高乡村居民的健身积极性，还能推动城乡体育文化的融合。

在硬件设施共享方面，城市的体育场馆、健身中心可以定期向乡村居民开放，特别是在非高峰时段，通过预约制度或者组织专门的活动，吸引乡村居民前来使用。这种方式不仅可以提高现有资源的利用率，还能够促进城乡居民之间的互动交流，增强社会凝聚力。同时，各级政府部门应加大对乡村健身基础设施的投资力度，通过财政支持和政策倾斜，解决乡村地区健身设施短缺的问题，为城乡资源共享奠定坚实的物质基础。

在人力资源共享方面，除定期派遣健身专业人员支援乡村外，还应注重培养乡村本地的健身服务人才。政府、社会组织和企业可以合作举办各类健身技能培训班，培养乡村本地的健身教练、健康指导员等专业人员。这些本地人才不仅能够为村民提供健身指导服务，还可以协助城市专业人员开展健身活动。

政策支持是建立城乡健身服务资源共享机制的重要保障。各地可以借鉴先进地区的成功经验，结合本地实际情况，探索适合本地区的资源共享模式。例如，政府可以通过购买服务的方式，引导社会资本和力量投身城乡健身事业，建立可持续的健身资源共享机制。政府还可以通过制定税收减免、资金补贴等激励政策，鼓励更多的体育组织、企业参与城乡健身资源共享工作。

各地政府和相关部门应通过多种渠道，加大对城乡健身资源共享理念的宣传力度，使城乡居民认识共享资源的重要性和必要性；利用电视、广播、互联网等平台，传播健康知识和健身理念，提高城乡居民参加健身活动的积极性。

健身资源共享机制的有效实施还需要依赖社会各界的广泛参与和支持。政府部门、体育组织、企业、社区等各方应携手合作，共同推动城乡健身资源的共享。在资源共享的过程中，应注重听取城乡居民的意见和建议，确保资源配置和服务内容能够满足他们的需求；应借鉴一些成功的资源共享机制的经验，如社区体育健身馆在非营业时间开放、大学体育设施向社会开放等，为城乡健身资源共享机制的完善提供有益的参考。

完善的城乡健身服务资源共享机制,可以更好地实现体育强国视域下提升全民健康水平的目标,推动城乡居民在健身服务均等化进程中享有更多的资源,使整个社会朝着更加健康、和谐的方向发展。

二、城乡联合开展健身活动

城乡联合开展健身活动不仅是推进全民健身事业的重要一环,也是实现城乡一体化、缩小城乡差距的关键手段。城乡联合开展健身活动,可以充分利用城乡之间的资源互补优势,实现健身资源的优化配置。

城市地区经济条件较好、基础设施较完备,能够为市民提供丰富多彩的健身活动,而乡村地区由于健身资源相对匮乏,因此城乡联合开展健身活动的一个重要方向是实现资源共享。

城乡联合开展健身活动需要充分考虑城乡居民的生活习惯和健身需求。城市居民大多从事脑力劳动,日常生活节奏较快,需要通过运动放松身心、减少压力;而乡村居民主要从事体力劳动,更注重通过健身增强体质和提高劳动效率。有关部门应根据不同群体的需求,设计有针对性的健身活动,特别是通过科学的健身指导和健康教育,使城乡居民能够在健身活动中获得最大的益处。同时,利用媒体宣传,普及健身知识,提高城乡居民的健身意识。

信息技术的广泛应用为城乡健身活动的联合开展提供了可能。利用互联网平台和移动应用程序,可以实现城乡健身活动联动发展。例如,通过直播和短视频平台,更多的城乡居民可以远程观摩一些高水平的健身赛事。同时,在网络平台上建立城乡健身爱好者的互动社区,激发城乡居民的参与热情和互动积极性。

城乡联合开展健身活动需要政府和社会组织的积极推动。政府可以制定相关政策,提供资金支持和优惠措施,鼓励健身企业和社团走进乡村,开展健身活动。志愿者团队、各类运动俱乐部等社会组织可以定期组织城乡间的交流活动,丰富城乡居民的健身生活。

此外,建立健全的城乡健身活动激励机制也是必不可少的。例如,建立健身积分体系,根据个人或团体的健身表现给予奖励,吸引更多的人参与健身活动。

城乡联合开展健身活动还应注重安全保障，充分考虑不同人群的运动需求，制定科学的健身计划；确保健身场地和设施的安全性，及时提供必要的医疗救助，实施应急处理措施，降低健身过程中的风险。同时，加强对城乡居民的安全教育，提高他们的自我防护意识。

总之，城乡联合开展健身活动是一项系统工程，需要多方努力。科学合理的规划和组织可以有效利用城乡之间的资源互补优势，推动全民健身事业全面发展，为建设健康中国和实现全民健康目标作出积极贡献。

三、城乡健身场地设施协调发展

按照配置均衡、规模适当、方便实用、安全合理的原则，科学规划和统筹建设全民健身场地设施。推动公共体育设施建设，着力构建县（市、区）、乡镇（街道）、行政村（社区）三级群众身边的全民健身设施网络和城市社区"15 分钟健身圈"。

有效扩大增量资源，重点建设一批便民、利民的中小型体育场馆，建设县级体育场、全民健身中心、社区多功能运动场等场地设施，结合基层综合性文化服务中心、乡村社区综合服务设施建设及区域特点，继续实施农民体育健身工程，实现行政村健身设施全覆盖。

新建居住区和社区要严格落实按"室内人均建筑面积不低于 0.1 平方米或室外人均用地不低于 0.3 平方米"标准配建全民健身设施的要求，确保与住宅区主体工程同步设计、同步施工、同步验收、同步投入使用，不得挪用或侵占。老城区与已建成居住区无全民健身场地设施或现有场地设施未达到规划建设指标要求的，要因地制宜配建全民健身场地设施。充分利用旧厂房、仓库、老旧商业设施、乡村"四荒"（荒山、荒沟、荒丘、荒滩）和空闲地等闲置资源，改造建设为全民健身场地设施，合理做好城乡空间的二次利用，推广多功能、季节性、可移动、可拆卸、绿色环保的健身设施。

利用社会资金，结合国家主体功能区、风景名胜区、国家公园、旅游景区和新农村的规划与建设，合理利用景区、郊野公园、城市公园、公共绿地、广场及城市空置场所建设休闲健身场地设施。

进一步盘活存量资源，做好已建全民健身场地设施的使用、管理和提档升级，鼓励社会力量参与现有场地设施的管理运营。完善大型体育场馆免费或低收费开放政策，研究制定相关政策鼓励中小型体育场馆免费或低收费开放。确保公共体育场地设施和符合开放条件的企事业单位、学校体育场地设施向社会开放。

按照国家有关公共体育设施用地定额指标规定，城乡规划和土地利用总体规划应保证城乡公共体育设施建设的用地需求。新建居住区要按照国家有关居住区规划设计规范标准，设计建设公共体育设施。设计和建设公共体育设施要严格执行国家有关无障碍设计建设规范标准。加大"全民健身活动中心"建设力度，拓展其服务功能。充分利用公园、绿地、广场等公共场所和山水等自然条件，建设公共体育设施，以及健身步道、登山道等户外运动设施。

公共体育设施应当根据其功能、特点向公众开放，并在一定时间和范围内，对学生、老年人和残疾人优惠或者免费开放。学校在课余时间和节假日要向学生开放体育设施，并在保证校园安全的前提下，积极创造条件向公众开放体育设施。县级以上各级人民政府对向公众开放体育设施的学校给予经费补贴，为学校办理有关责任保险。新建和改建学校体育设施，要便于向公众开放。安排公园每天在固定时段免费向公众体育健身活动开放。积极创造条件将机关、企事业单位的体育设施向社会开放。创造条件使露天体育场免费开放，已经免费开放的，不得改为收费经营。

第八章　多元化全民健身服务体系建设：区域案例分析

第一节　京津冀协同发展战略下河北省全民健身服务体系建设

一、京津冀协同发展战略实施背景及其功能定位

基于城市规模经济效应，在世界城市化进程中，城市规模扩大及人口经济密集区增加是一个普遍规律。根据第七次全国人口普查数据，2020年，我国超大城市和特大城市数量已居世界首位。特大城市、超大城市往往面临因人口和功能过度集中而形成"过密"的现象，这是"大城市病"和区域发展不平衡的主要原因。过度集中，一方面增加了中心区域的人口资源环境压力；另一方面由于中心区域的虹吸效应遏制了外围地区的发展，进一步加剧了区域发展的不平衡性。

京津冀协同发展战略实施前，京津冀地区也面临着中心城市"大城市病"及区域发展不平衡的问题，主要体现在区域发展差距扩大、区域统筹能力不强等方面。特别是北京人口和功能集聚过快，"大城市病"问题凸显。2010年，第六次全国人口普查结果显示，北京常住人口为1 961.2万人。2000—2010年，北京常住人口增长了604.3万人，提前10年突破了《北京城市总体规划（2004—2020年）》确定的2020年人口控制目标（1 800万人）。北京常住人口快速增长主要因为北京对周边地区的虹吸作用，这不仅带来了一系列社会经济发展问题，也对资源、环境造成了巨大压力。

关于如何解决"大城市病"，以及中心和外围地区发展不平衡问题，有过很多理

论探索和区域实践，其中多中心和区域协同发展是解决"大城市病"及促进区域均衡发展的重要举措之一。城市发展理论表明，城市空间扩张往往伴随空间结构的优化和调整，即从单中心结构向多中心结构转变。因此，推进城市空间多中心、网络化发展及区域间协同发展成为有效解决功能过度集中所引发的"大城市病"和区域发展失衡问题的关键途径。

京津冀协同发展战略致力于构建多中心、网络化的空间格局，克服城市职能过度集中所带来的"大城市病"问题，是探索人口密集地区优化开发模式的伟大实践。京津冀协同发展战略由习近平总书记亲自谋划、亲自部署、亲自推动。2014年2月26日，习近平总书记在北京主持召开座谈会，专题听取京津冀协同发展工作汇报并做重要讲话，并强调实现京津冀协同发展，是面向未来打造新的首都经济圈、推进区域发展体制机制创新的需要，是探索完善城市群布局和形态、为优化开发区域发展提供示范和样板的需要，是探索生态文明建设有效路径、促进人口经济资源环境相协调的需要，是实现京津冀优势互补、促进环渤海经济区发展、带动北方腹地发展的需要，是一个重大国家战略，要坚持优势互补、互利共赢、扎实推进，加快走出一条科学持续的协同发展路子来。还指出，"京津冀协同发展意义重大，对这个问题的认识要上升到国家战略层面。大家一定要增强推进京津冀协同发展的自觉性、主动性、创造性，增强通过全面深化改革形成新的体制机制的勇气，继续研究、明确思路、制定方案、加快推进"。以此为标志，京津冀协同发展正式上升为国家重大战略。习近平总书记对推进京津冀协同发展提出了七点要求：一是要着力加强顶层设计，抓紧编制首都经济圈一体化发展的相关规划，明确三地功能定位、产业分工、城市布局、设施配套、综合交通体系等重大问题，并从财政政策、投资政策、项目安排等方面形成具体措施。二是要着力加大对协同发展的推动，自觉打破自家"一亩三分地"的思维定式，抱成团朝着顶层设计的目标一起做，充分发挥环渤海地区经济合作发展协调机制的作用。三是要着力加快推进产业对接协作，理顺三地产业发展链条，形成区域间产业合理分布和上下游联动机制，对接产业规划，不搞同构性、同质化发展。四是要着力调整优化城市布局和空间结构，促进城市分工协作，提高城市群一体化水平，提高其综合承载能力和内涵发展水平。五是要着力扩大环境容量生态空间，加强生态环境保护合作，在已经启动大气污染防治协作机制的基础上，完善防护林建设、水资源保护、水环境治理、清洁能源使用等领域合作机制。六是要着力构建现代化交通网络系统，把交通一体化作为先行领域，加快构建快速、便捷、高效、安全、大容量、低成本的互联互通综合交通网络。七是要着力加快推进市场一体化进程，下决心破除限制资本、技术、产权、人才、劳动力等生产要素自由流动和优化配置的各种体制机制障碍，推动各种要素按照市场规律在区域内自由流动和优化配置。

《京津冀协同发展规划纲要》明确了京津冀整体的功能定位：以首都为核心的世界级城市群、区域整体协同发展改革引领区、全国创新驱动经济增长新引擎以及生态修复环境改善示范区。同时提出要构建"一核、双城、三轴、四区、多节点"空间格局，以有序疏解北京非首都功能、解决北京"大城市病"为基本出发点，努力形成京津冀目标同向、措施一体、优势互补、互利共赢的协同发展新格局。

京津冀协同发展战略开启了通过疏解北京非首都功能，优化区域空间结构，促进产业、生态、交通三大重点领域率先突破，建设协同创新共同体等方式，探索跨区域特别是发达的大都市地区和不发达的周边地区通过优势互补、互利共赢实现高质量协同发展的伟大实践。

二、京津冀协同发展战略的新目标和新要求

（一）京津冀协同发展战略的新目标

2023年5月12日，习近平总书记在河北主持召开第三次京津冀协同发展座谈会，明确提出"努力使京津冀成为中国式现代化建设的先行区、示范区"的新定位。这为京津冀区域协同发展在新征程上提出了更高要求。

习近平总书记在党的二十大报告中指出，中国式现代化，是中国共产党领导的社会主义现代化，既有各国现代化的共同特征，更有基于自己国情的中国特色。中国式现代化是人口规模巨大的现代化，是全体人民共同富裕的现代化，是物质文明和精神文明相协调的现代化，是人与自然和谐共生的现代化，是走和平发展道路的现代化。

中国式现代化立足于人口规模巨大的国内市场，以实现共同富裕为目标，走和平发展的道路，强调人与自然的和谐共生、物质文明与精神文明的协调，为区域协同发展赋予了新的使命。

1.在差异化功能定位的基础上，强化协同创新和产业协作

京津冀作为引领全国高质量发展的三大重要动力源之一，拥有数量众多的一流院

校和高端研究人才，创新基础扎实、实力雄厚，要强化协同创新和产业协作，在实现高水平科技自立自强中发挥示范带动作用。促进京津冀协同发展，应在差异化功能定位的基础上，强化协同和协作。

强化京津冀协同创新，需要在明确京津冀三地功能定位的基础上，打造协同创新共同体。应牢牢牵住疏解北京非首都功能这个"牛鼻子"，坚持控增量和疏存量相结合、内部功能重组和向外疏解转移两手抓，完善激励约束政策体系，通过市场化、法治化手段增强非首都功能疏解的内生动力。推动北京"新两翼"建设取得更大突破，推动北京城市副中心和雄安新区协同发力，处理好"新两翼"同中心城区及周边地区的关系，实现"以副辅主""主副共兴"，带动周边地区高质量发展。加快现代化首都都市圈建设，促进环京地区通勤圈深度融合、京津雄功能圈联动发展、节点城市产业圈强链补链，努力探索出人口经济密集地区优化开发的新模式。持续优化京津冀城市群空间布局，完善城镇规划体系，强化城市群内部的功能互补和内在联系，提高城市群对产业和人口的集聚能力。注重区域内的城市空间治理，走集约高效发展之路，推动大中小城市和小城镇合理分工、功能互补、协调发展。

强化京津冀协同创新，需要以现代化产业体系共建经济发展新基础。持续深化京津冀三地的产业分工与协作，强化产业协同总体设计，优化产业布局，避免同质化发展。继续发挥北京科技创新优势和天津先进制造研发优势，推进产业链创新链深度融合，不断提升科技成果区域内转化效率和比重；发挥河北环京津的地缘优势，从不同方向打造联通京津的经济廊道，为打造世界级先进制造业集群服务。围绕重点产业链，探索建立"链长负责制"，组织联合绘制产业链图谱，理顺产业链条，加强产业补链、延链、升链、建链，带动相关配套企业落地京津冀，提升产业链供应链整体竞争力。夯实以数字经济为代表的未来产业根基，利用京津冀一流院校和高端研究人才众多的创新基础，在关键核心技术自主创新上实现新突破，打造原始创新的策源地。以数字化新场景应用为牵引，加强多层次、区域性的创新体系和产业数字平台体系建设，促进上中下游企业、大中小微企业融通发展。

2. 以一体化市场机制共谋发展，推进区域内部协同

要走出一条内涵集约发展的新路子，探索出一种人口经济密集地区优化开发的模式，促进区域协调发展，形成新增长极。正是坚持优势互补、互利共赢、协同发展的理念，京津冀协同发展从北京城市副中心同雄安新区"两翼"齐飞，到交通、生态环保、产业三个重点领域全面提升，协同空间不断扩展，体制机制深刻变化，项目合作更加多元。促进京津冀协同发展，使京津冀成为中国式现代化建设的先行区、示范区，必须加快区域市场建设，促进区域内部协同。

规划建立广域开放、互联互通、一体化高质量的国际化海陆空枢纽群、现代化综合立体交通网，建设多元化、广覆盖、高密度的轨道交通网络，推动区域新基建科学布局，高标准联通市场设施，提高市场要素流通效率。建立企业信息互通互认、公共信用信息共享机制，统一产权保护、市场准入、公平竞争、社会信用等市场基础性规则制度，降低企业就近转移的制度性成本。加强区域间的市场监管执法合作，打破"一亩三分地"思维，推进三地监管部门信息互换、监管互认、执法互助，提高区域监管效能，优化营商环境。统一执法标准，定期自查清理妨碍统一市场的地方性法规、政府规章、行政规范性文件和其他政策措施，破除地方保护和区域壁垒，引导资本、数据、技术等要素在区域间有序自由流动。扩大政务服务"跨省通办"事项范围，进一步促进三地政务服务"同事同标"，降低市场主体跨区域办事的制度性交易成本，加快区域市场一体化建设进程。

以高度适配的人才制度共蓄三地发展新动能。完善人才自主培养体系，深化政校企联合人才培养机制，紧密对接京津冀各地产业特点，提升高校专业课程培养体系与企业人才需求的适配性。一方面，建立和完善京津冀人才数据库，通过人才资源信息采集和动态管理，实现人才精准画像、人才供需预测和人才流失预警，促进区域人才合理配置、优势互补、高效流动。另一方面，深化人才流动制度改革，推动区域人才政策衔接、人才资质互认、人才服务标准协同，打通各类用人主体间的关联通道，为区域间实现人才共享搭建多样、便捷的路径，营造相互融通的人才发展生态。同时，优化人才流动服务保障，减少人才后顾之忧，搭建外籍人才服务协同平台，形成外籍人才协同发展机制，搭建区域人才合作交流平台，不断提升京津冀地区对人才的吸引力。

3.推进高水平对外开放，释放高质量发展新活力

要进一步推进体制机制改革和扩大对外开放，下大气力优化营商环境，积极同国内外其他地区沟通对接，打造全国对外开放高地。在构建新发展格局、推动高质量发展的进程中，京津冀协同发展向纵深推进，必须继续深化改革、扩大开放，为京津冀协同发展开辟新天地。

完善三地自贸区、扩大开放综合试点等开放平台制度创新容错机制，加快形成区域内乃至全国可复制推广的经验模式。探索市场准入创新机制，推行跨境贸易负面清

单，提高外商投资效率。推动自贸区联动发展，探索建立产业对接、技术合作、信息互通机制，招商引资收益共享机制。深化京津冀海港、空港与物流基地合作，推动三地国际贸易单一窗口互联互通、口岸资质共享共用，提升京津冀通关便利化水平。积极对接国际高标准经贸规则，健全法律监督机制，加强贸易重点领域、新兴领域立法，及时修改清理落后的法律法规，打造公平法治的营商环境。构建三地联合调研常态化机制，摸清企业急难愁盼，加强国际经贸应用型智库建设，及时向政府部门建言献策。加强三地贸促会协同合作，为企业提供更专业、优质的服务。

进一步聚焦贸易投资、产业发展、通道物流、政务服务、要素流动等领域，推进贸易投资便利化自由化，开展港口协同发展互联互通行动、金融创新协作发展行动、产业融合发展协作推进行动、资源便捷流动协同促进行动。推动京津冀协同发展与"一带一路"建设高层次联动，促进京津冀三地持续深化改革、协同开放，加快实现创新链、产业链、价值链融通，携手打造具有国际竞争力、影响力的开放发展高地。

4.加强高品质生态治理，打造生态环境新优势

要持续抓好北方防沙带等生态保护和修复重点工程建设，持续推进绿色生态屏障建设等重大生态工程。促进京津冀协同发展不断迈上新台阶，必须加快政策协同，在开放竞争中打造环境新优势。

深化生态保护制度改革，守住生态功能保障、环境质量安全和自然资源利用边界，增强全民生态安全意识和生态文明理念，倡导践行绿色低碳出行方式。持续完善生态补偿机制，厘清各方在保护和补偿中的权责利关系，形成受益方付费、保护方获偿的良性局面。聚焦补偿标准、核定方式等问题，探索多样化补偿方式，通过市场化机制，调动社会各界参与环境保护的积极性。利用生态优势，推进环京地区文化、康养、旅游业发展，实现生态保护和产业发展的良性互动。深入推进生态环境联建联防联治，加强创新技术研发与应用，推动京津冀水土气多介质污染综合防治，强化顶层设计协同，构建高效、智能的一体化生态环境安全监测平台和协同管理、决策平台，为京津冀生态环境质量持续提高提供坚实保障。积极推动节能低碳技术创新和应用，增加清洁能源供应，调整能源消费结构，支持生产方式和生活方式实现绿色转型。

进一步强化京津冀生态协同治理理念，持续完善京津冀地区联防联控治理模式，构建区域生态治理的协同网络，广泛吸纳社会资本、社会公众和社会组织参与生态环境治理实践，形成跨区域、多主体的共建共治共享机制。进一步统筹好大气、水、土

壤、山林等基础性生态环境要素治理，全面提升生态治理的有效性、精准性和科学性，促进京津冀地区生态环境质量稳步提升，更加有力地推进美丽中国先行区建设。

（二）京津冀协同发展战略的新要求

作为我国北方地区整体发展水平较高、最具经济活力和创新能力的人口经济密集地区，京津冀地区在中国式现代化建设的过程中，应更好地发挥引领全国经济高质量发展的引擎作用。结合京津冀协同发展的新要求及当前面临的问题，京津冀地区应努力建设成为经济发达、结构优化、联系紧密、人与自然和谐共生、共同富裕的以首都为核心的世界级城市群。

第一，京津冀地区要在经济发展与创新引领方面做好先行示范。京津冀地区要成为中国式现代化建设的先行区、示范区，就要发挥区域重大战略促进经济增长和创新引领方面的重要作用，促进经济增长和转变经济增长方式，打造带动全国经济高质量发展的增长极和新动力源。在宏观层面，区域重大战略是推进中国式现代化建设的重要着力点。在区域发展层面，创新驱动是实现京津冀地区经济高质量发展的必由之路。作为我国产业发展高地与创新驱动引擎，京津冀地区在建设"世界主要科学中心和创新高地"的过程中承担着培育先进制造业集群的重要使命。要以北京国际科技创新中心建设为抓手，深化创新驱动发展战略，加快推进区域经济增长动能转换，更好地发挥引领全国经济高质量发展的引擎作用。

第二，京津冀地区要在优化空间结构方面做好先行示范。京津冀地区作为我国经济发展的重要增长极，同时也面临着人与自然关系紧张及城镇体系结构失衡的突出问题。在推动京津冀协同发展的过程中，其空间结构尚未充分发挥应有的支撑作用。为了进一步推动京津冀协同发展，需要优化其空间结构。一方面，京津冀三地应联动协力推动建设"以首都为核心的世界级城市群"，积极推动现代化首都都市圈建设，着力解决城市群内等级规模断层问题，进一步优化空间结构；另一方面，要进一步完善"一核、双城、三轴、四区、多节点"重要空间支撑，同时构建"一核两翼"空间新格局，系统推进首都减量发展，疏解与承接同步进行。

第三，京津冀地区要在消除行政区划壁垒、强化京津冀区域经济联系、提升跨域治理能力方面做好先行示范。提升跨域治理能力是解决地方政府间职责功能边界问题的有效手段，能够有效提升区域内部经济和社会发展联系紧密程度，也是区域协调发展的重要保障。京津冀地区应进一步提升跨域治理能力，强化区域内部联系。首先，构建高效有序的治理体系，创新协同治理和协同立法模式；其次，优化区域产业分工体系，加快推进区域创新共同体建设，强化北京对津冀的辐射带动作用；最后，强化交通基础设施互联互通建设，促进各类生产要素在区域内有序流动。

第四，京津冀地区要在人与自然和谐共生方面做好先行示范。人与自然和谐共生是中国式现代化的鲜明特征，因此要站在人与自然和谐共生的高度谋划发展。基于城市污染的扩散性特征，有必要总结京津冀地区空气污染联防联治的成功经验。在区域内部，一是强化顶层设计，加快制定京津冀实现"碳达峰""碳中和"的时间表和路线图，完善生态协同治理机制，加快推进生态修复环境改善示范区建设；二是聚焦重点环节，重点优化河北省产业结构，严格控制高耗能、重化工行业的产能增长，推动钢铁、电力等传统高耗能行业实施节能改造，以促进产业绿色化和可持续发展。

第五，京津冀地区要在缩小区域差距、实现共同富裕方面做好先行示范。共同富裕是中国式现代化的本质要求。全体人民共同富裕的现代化要着眼于现代化的结果，做到人人参与、人人奋斗，实现人人享有。这一目标体现了逐步缩小行业差别、地区差别，促进机会公平、结果公正的必要性。这就要求京津冀在缩小区域差距、促进基本公共服务均等化、实现共同富裕方面做好先行示范。

三、河北省全民健身事业发展重点

（一）加大全民健身场地设施供给

开展全省全民健身场地设施现状调查，编制省、市、县三级公共体育设施空间布局规划（2021—2035 年），衔接各级国土空间规划。实施全民健身场地设施补短板五年行动计划，制定河北省步道体系建设总体方案和体育公园建设指导意见。落实全民健身场地设施补短板分级支出责任，推进全民健身场地设施项目谋划、储备和建设。盘活城市空闲土地、用好公益性建设用地、支持以租赁方式供地、倡导土地复合利用、探索利用符合条件的"四荒"土地和集体建设用地，充分挖掘存量建设用地和存量房产潜力，规划建设贴近社区、方便可达的全民健身场地设施，同步增设科学健身指导和体育文化宣传设施。

（二）提升全民健身场地设施运营管理水平

鼓励采取公开招投标方式筛选运营团队，将公共体育场馆预订、赛事信息发布、经营服务统计等工作委托社会力量承担，提高运营效率。建立健全场馆运营管理机制，改造完善场馆硬件设施，做好场馆应急避难（险）功能转换预案，提升场馆使用效益。落实大型体育场馆免费或低收费开放补助政策，加强对公共体育场馆开放使用的评估督导。

（三）开展全民健身赛事活动

开展"我要上全运""社区运动会"等群众赛事活动，举办全省全民健身联赛、系列赛、单项赛，制定各运动项目办赛指南和群众参赛指引，每年开展广场舞、健步走、羽毛球、乒乓球、八段锦、太极拳等群众赛事活动不低于 1 600 场次，"社区运动会"不低于 500 次。大力发展"三大球"运动，推动县域足球普及。加强京津冀全民健身赛事活动联动，支持雄安新区承办高水平全民健身赛事活动。鼓励乡村利用丰收节、传统节日开展农民体育健身活动和农民运动会。

（四）实施赛事活动品牌塑造计划

打造以"健康河北活力燕赵"为主题的全民健身赛事活动品牌，推动全民健身运动会、冰雪运动会、红色运动会、冀超冀甲等一批赛事活动品牌建设。创新市、县"一地一品"形式内容，持续提升张家口滑雪、承德滑冰、秦皇岛轮滑、廊坊信鸽、保定空竹、沧州武术、衡水马拉松、邢台自行车、邯郸太极拳等品牌知名度。

（五）提高科学健身指导服务水平

推行《国家体育锻炼标准》，定期开展国民体质监测和全民健身活动状况调查。依托高校、科研院所等机构专家资源，加强科学健身理论与方法研究。推行面向大众的体育运动水平等级标准及评定体系。开设线上线下相结合的健身知识及运动项目科普大讲堂，深入乡村、社区、机关、学校、企事业单位开展运动伤病预防、运动康复知识宣讲。

（六）完善体育社会组织网络体系

构建以各级体育总会为枢纽，以单项体育协会、人群体育协会、体育俱乐部、健身团队为支撑的全民健身组织架构，形成省、市、县、乡、村五级健身组织网络。重点培育基层各类体育社会组织，推动县级体育总会全覆盖，鼓励体育总会向乡镇（街道）延伸、各类体育社会组织下沉行政村（社区）。鼓励乡镇（街道）、行政村（社区）建立和培育更多的健身俱乐部、自发性健身团队和全民健身站点。

（七）壮大全民健身人才队伍

创新全民健身人才培养模式，发挥互联网等科技手段在人才培训中的作用。加大对各级群众体育干部的培训力度，提升其管理能力和服务水平。加强组织管理、赛事运营、健身指导、宣传推广等基层全民健身人才培养，畅通培养渠道，引导扶持社会力量参与全民健身人才培养，形成多元化的全民健身人才培养体系和科学评价机制。积极稳妥推进指导群众健身的教练员职称评定工作。

（八）加快群众冰雪运动发展

推广建设四季可用、可拆装的冰雪场地设施，搭建冰雪场馆运营管理平台，提升冰雪场馆设施规范化、市场化运营水平，支持社会力量承担冰雪场地设施运营，鼓励企事业单位和社会组织利用冰雪场地开展活动。做强省级冰雪运动协会，优化市级冰雪运动协会，完善县级冰雪运动协会。充分发挥冰雪运动协会在推广普及群众性冰雪运动、组织举办冰雪赛事等方面的作用。每年举办省、市、县三级冰雪运动会和"健康河北欢乐冰雪"系列活动，开展全省社区冰雪运动会和农村冰雪运动体验活动，打造雪地足球赛事活动品牌。持续推进冰雪运动进校园，在认真执行国家体育与健康课程标准的基础上，将冰雪运动知识和技能教学纳入学校体育课教学内容，将轮滑等冰雪相关赛事纳入省、市、县大、中学生运动会。开展冰雪运动相关的主题展览、学术论坛等文化活动，弘扬冰雪运动文化。优化产业结构，加快形成以冰雪产业为引领，健身休闲和竞赛表演产业为支撑的产业类别齐全、链条完善、结构合理、特色鲜明的现代体育产业体系。发展新兴体育服务业，培育智慧体育旅游、智慧社区健身服务等体育新业态，培育冰雪、山地户外、水上、航空等消费引领性强的新兴健身休闲项目。发挥张家口、秦皇岛国家体育消费试点城市的引领作用,打造 4 个以上省级体育消费示范城市。

四、河北省全民健身服务体系现状分析

对河北省全民健身服务体系进行调研,首先涉及对河北省现有体育资源的全面调查。河北省具有丰富的体育资源,包括大量的体育场馆、运动设施和体育文化遗产。为了准确了解这些资源的分布和使用状况,需要对全省范围内的体育场馆数量、维护情况及实际利用率进行详细的调查,通过实地考察、问卷调查和访谈等多种方法收集到数据,为后续的研究奠定了坚实的基础。

调查结果显示,城乡之间的体育资源差距明显。经济发达的城市拥有更多的体育馆、健身中心,而农村地区体育资源短缺,很多地方甚至没有基础的运动场地,这极大地减少了农村居民参与体育活动的机会。因此,在河北省普及全民健身活动和提升全民健身服务水平的过程中,如何合理配置和优化利用这些资源,缩小城乡差距,是一个亟待解决的问题。

河北省体育资源的不均衡不仅体现在体育设施上,还体现在健身活动的组织上。目前,河北省大部分城市已经初步形成了一定规模的健身活动网络,其中包含各种类型的群众性体育健身活动。然而,在农村地区,健身活动的开展仍然较为零散,缺乏系统性和规范性。虽然很多地区已经建立了体育健身场所,但大部分场所没有专业的健身指导员,这导致居民在进行体育锻炼时缺乏科学指导,造成运动损伤或锻炼效果不理想。为了解决这一问题,河北省需要加强健身指导人才的培养和引进,建立一支高素质的全民健身服务队伍。

近年来,各级政府在推动全民健身方面投入了大量的资金并出台了一系列政策。这些政策在一定程度上提高了居民的健身意识。然而,在实施过程中也存在一些政策落实不到位的问题,导致实际效果不理想。因此,相关部门有必要结合实际情况,进一步优化和细化政策,确保政策有效实施。

调查显示,居民对多样化健身活动的需求越来越高,除传统的篮球、羽毛球等体育项目外,越来越多的人开始尝试瑜伽等新兴健身项目。然而,现有的健身服务供给在项目种类和服务内容上仍有很大的提升空间。许多体育设施建设和活动组织较为单

一,无法满足不同人群的多样化需求。因此,在建设全民健身服务体系时,满足不同群体的健身需求,也是需要重点考虑的问题。

虽然一些城市已经开始利用互联网技术建设智慧体育平台,为居民提供线上健身指导、健身信息查询和预约服务等,但该平台的整体覆盖率和应用深度还不够。大多数地区的信息化水平仍然较低,缺乏系统的数字化管理和服务平台,居民获取健身信息和参加活动的便利性受到限制。因此,提高全民健身服务的信息化水平,建设统一的全民健身信息服务平台,向公众提供健身服务,是提升河北省全民健身服务体系现代化水平的关键措施之一。

河北省在推进全民健身方面取得了不少成绩,但也面临着不少挑战。合理配置和优化利用体育资源、加强专业健身指导、提高信息化建设水平等措施可以帮助进一步提升河北省全民健身服务的质量,促进河北省全民健身服务的高水平发展,推进京津冀协同发展战略的顺利实施。

五、京津冀协同发展对河北省全民健身服务体系建设的推动作用

京津冀协同发展战略强化了区域间的资源共享和统筹协作,打破了过去行政区划造成的资源壁垒,实现了体育健身设施、人才和资金的跨区域流动。在这一深化合作的模式下,河北省能够借助北京和天津的体育资源,使其全民健身服务体系得到质的提升。

在设施建设方面,京津冀三地积极推动体育设施的共建共享。在京津冀协同发展的背景下,河北省在体育场馆建设和设施维护方面获得了来自北京、天津两地的技术支持、资金投入。河北省的一些体育场馆如今不仅服务本地居民,还能承接区域性、全国性,甚至国际性的体育赛事。

河北省通过各种合作项目,引进大批来自北京、天津的体育教练、健身指导员和专业体育管理人员。他们带来了先进的健身理念和科学的训练方法,提升了河北省全民健身服务水平。此外,这些专业人才通过各种形式的社区活动及企业合作,把北京

和天津的体育资源、培训体系和管理经验引入河北，培养了一大批体育从业人员，壮大了河北省的体育人才队伍，进一步推动了河北省全民健身事业的发展。

政策的支持为河北省全民健身服务体系发展提供了有力保障。河北省在体育设施建设、全民健身活动推广等方面获得了更多的政策支持，包括土地和资金的优先保障、税费的减免等。这些政策的实施极大地提高社会参与全民健身服务体系建设的积极性。

京津冀协同发展战略的实施不仅提高了全民健身活动的丰富性和多样性，而且增强了群众参与体育健身的积极性。三地定期举办的马拉松赛跑、自行车大赛及各种全民健身运动会等，不仅提高了三地市民的身体素质，也增强了他们的体育文化认同感和归属感。

借助信息化手段，河北省与京津地区共享体育健身信息资源。三地建立了一体化的全民健身信息服务平台，群众可以获取最新的健身资讯、活动安排和场馆信息。此外，线上培训课堂、健身直播课程也开始在河北省广泛推行，这可以让更多人不受时间和空间的限制，随时随地参与健身活动。这种信息化的服务方式不仅扩大了全民健身的覆盖面，还为政府部门制定全民健身政策、开展全民健身活动及评估全民健身效果提供了有力的支持。

河北省结合自身实际情况和资源优势，积极构建多元化全民健身服务体系。河北省政府陆续出台了一系列政策，涵盖了组织管理、基础设施建设、社区参与、体育活动推广、宣传引导等多个方面。这些政策在促进全民健身、提升居民健康水平等方面发挥了积极作用，推动河北省居民的健身意识显著提高，锻炼习惯逐渐养成，健康水平稳步提升。河北省的做法，为全国其他地区提供了参考和借鉴。

在组织管理方面，河北省建立了完善的全民健身服务体系，包括省、市、县三级政府的联动机制，确保全民健身工作顺利开展。河北省体育局作为牵头部门，制定长期的发展规划和年度实施计划，明确全民健身的目标和任务，逐步实现全民健身组织建设的科学化、规范化。河北省通过成立省、市、县各级全民健身委员会，强化政府职能部门的协同配合，引入社会组织和企业，形成"政府主导、部门协同、全社会参与"的良好工作格局。

在基础设施建设方面，河北省投入大量资金用于健身设施的建设和维护，在城市和乡村建立体育公园，扩大健身设施的覆盖面。通过与京津两地的资源共享和协同发展，河北省在体育场馆建设和重大赛事的举办方面出台了配套措施，提高资源利用效率，实现区域联动发展。例如，河北省一些城市借助举办京津冀运动会的契机，完善了当地体育设施，推动了体育文化的传播和发展。

在社区参与方面，河北省注重提高群众参与健身活动的积极性。政府通过宣传教育、政策引导等手段，培养市民的健身意识。社区体育指导员的配备是推进社区参与的重要措施之一，通过安排专业人员到社区进行健身指导，帮助居民掌握科学的健身方法、养成良好的健身习惯。

在体育活动推广方面，河北省举办了丰富多彩的全民健身活动，以满足不同人群的健身需求。例如，每年定期开展的全民健身日活动、广场舞大赛、社区篮球赛等，吸引了广大市民积极参与。针对老年人、青少年、妇女等不同群体，河北省也制定了专门的健身活动计划，确保各类人群都能找到适合自己的健身方式。

在宣传引导方面，河北省注重发挥媒体的作用，通过电视、广播、报纸等多种渠道，广泛宣传健身的意义和科学方法。

第二节　京津冀协同发展战略下河北省农村休闲体育发展

一、休闲体育概述

（一）休闲体育的概念

休闲体育是人们在闲暇时间为了身体健康和心情愉悦而参与的各种体育活动，如爬山、跑步、游泳等。无论年龄大小、身体强弱，不管是主动参与体育活动还是被动观看体育比赛，都可以说是休闲体育的参与者。休闲体育在促进人类进步和社会发展中所起的作用越来越受到学者的关注。

（二）休闲体育的特点

1.运动形式多样

休闲体育是多元化、个性化的，其运动形式多样。由于是个人在闲暇时间进行的运动，因此休闲体育运动不拘泥于运动形式，可以是集体运动，也可以是单独运动，可以是安静的运动，也可以是在音乐伴奏下的运动。

2.运动时间灵活

高效率、快节奏是现代人生活和工作的特点，因此付出过多的时间进行体育锻炼往往会成为人们的一种负担。休闲体育在时间上往往是比较宽松的，参与者可以在工作间歇的时间里进行，也可以在下班后进行，时间安排可长可短，完全依个人的体力、兴致、忙与闲的具体情况而定。

（三）休闲体育的内容

休闲体育主要包括五个方面的内容，即指导性体育、非正式体育、单位内体育、单位间或校际体育和俱乐部体育。

1.指导性体育

指导性体育主要指通过授课、实地讲解等形式为体育活动参与者提供学习体育技能、方法、规则等的机会，以提高他们的运动成绩和技术水平。授课地点、对象和内容可根据参与者的具体情况确定。指导性体育强调的是参与者在学习过程中能够体验到快乐，从增长知识和提高技能的过程中获得满足。

2.非正式体育

非正式体育以个体参与为主，强调个体的兴趣及愿望，目的是健身和娱乐。对于非正式体育，参与者可自行决定活动项目、场地和参与时间。人们参与非正式体育活动的动机主要来自对自身健康的关注和参与休闲体育活动的热情。

3.单位内体育

单位内体育是指同一组织机构或单位（如学校、企业等）内部的人员所组织的体育比赛或活动。单位内体育最早仅指大学校内休闲体育，但20世纪初，其范围扩展到中小学、企业、私人俱乐部等。单位内体育一般是有组织、有安排的体育活动，因此需要本单位相关机构的规划与领导。

4.单位间或校际体育

单位间或校际体育是单位内体育的扩展。通常，它可以是各单位的冠军队之间进行的有组织的体育比赛，也可以是各单位代表参与的体育活动。单位间体育活动可以是强调娱乐与社会交往的非正式活动，也可以是强调取胜夺冠的正式活动。

5.俱乐部体育

俱乐部体育主要是指由各种俱乐部组织开展的群众性体育活动。通常，因目的不同，体育俱乐部可分成竞技性俱乐部、指导性俱乐部和社交性俱乐部三种类型。

二、河北省农村休闲体育发展现状分析

河北省农村休闲体育的基础设施建设呈现出显著的区域差异。经济较发达的地区，体育设施相对完善；经济不发达的地区，体育设施匮乏、场地不足、设备简陋。体育设施的缺乏直接导致农村居民参与休闲体育的积极性不足。

许多农村居民，尤其是中老年群体，对休闲体育活动的认识有限，认为劳动能替代体育锻炼，缺乏健身的意识。同时，农村女性参与休闲体育活动的频率明显低于男性，这与传统观念和实际生活状况密切相关。虽然大部分年轻人的受教育程度较高，健身意识较强，但由于许多青壮年劳动力外出务工，农村留守人群主要是老年人和儿童，其对休闲体育项目接触较少。

河北省农村地区现有的体育组织大多是民间自发组织的，系统化的体育管理机制尚未形成。河北省农村地区举办的体育赛事多以传统项目为主，如篮球赛、田径比赛等，这些比赛虽然丰富了农村居民的业余生活，但缺乏创新和科学指导，未能充分发挥体育对提升农村居民健康水平和生活质量的作用。此外，农村体育管理人员的专业能力参差不齐，未能有效推进休闲体育的发展。

从文化背景看，河北省农村地区的传统民俗文化对休闲体育的发展有一定的影响。一些传统的体育活动，如舞龙、舞狮等，因具有浓厚的地方特色和文化底蕴，深受当地居民喜爱。但这些传统活动更多是一种节日庆典活动，而非日常休闲体育运动，对居民身体健康的促进作用有限。在农村推广现代体育文化时，需要考虑如何将其与本土文化有机结合，使现代体育观念深入人心。

在政策支持方面，虽然河北省制定了发展农村休闲体育的多项政策，但在实际操作中，政策执行力度还需加大。在经费分配方面，农村体育基础设施建设的投入优先级较低，导致许多项目难以顺利展开。

综上所述，河北省农村休闲体育既有可喜的进展，也存在多重挑战，需要各级政府、社会组织共同努力，加强对体育基础设施的建设，完善体育管理体制，因地制宜地推动农村休闲体育可持续发展。只有这样，才能真正实现全民健身理念的落地，提高河北省农村居民的生活质量，助力体育强国目标的实现。

三、京津冀协同发展战略对河北省农村休闲体育的影响

京津冀协同发展战略是国家关于区域发展的重大决策，其实施对河北省农村休闲体育的发展产生了深远影响。这一影响主要体现在基础设施建设、资源共享与利用、居民体育参与度及社会经济效益等多个方面。

在京津冀协同发展的战略背景下，基础设施建设得到迅速发展，带动了河北省农村休闲体育的发展。一方面，交通网络的改善显著提升了河北省农村地区的可达性，为更多人参与休闲体育活动提供了便利；另一方面，政府加大了对体育场馆的投资力度，农村地区新建了一批运动场馆、健身路径、休闲公园，使得农村居民能够在更好的环境中进行体育锻炼，有效提高了他们的身体素质和生活质量。

京津冀协同发展战略对河北省农村休闲体育的影响还体现在资源共享和利用上。随着农村居民可支配收入的增加，许多知名体育品牌进驻农村地区。此外，京津冀各地加强合作，共同举办马拉松比赛、自行车赛、广场舞大赛等一系列体育赛事。这不仅增加了农村居民的参与机会，还拉动了相关服务业的发展。

京津冀协同发展战略对河北省农村地区居民的体育参与度也产生了积极的影响。随着区域内居民生活水平的提高和健康意识的增强，越来越多的农村居民认识到体育锻炼的重要性，主动加入各类休闲体育活动。政府、社区和社会组织通过举办丰富多彩的体育活动、提供多样化的体育服务，吸引和带动了更多的农村居民参与体育活动。以各类健身项目的推广为例，政府部门大力推动全民健身项目在农村地区的实施，农民纷纷开始参与广场舞、太极拳等简单易行、适合不同年龄层的健身活动，这

不仅提高了农村居民的身心健康水平,同时也增强了社区的凝聚力和村民之间的交流互动。

从社会经济效益的角度来看,京津冀协同发展战略显著促进了河北农村休闲体育的多元化发展,为地方经济注入了新的活力。一方面,农村地区的体育旅游业发展迅速,乡村民宿、休闲农庄、体育活动中心等的打造,有效促进了农村经济的多样化发展,增加了农民收入,改善了他们的生活水平。另一方面,大型体育赛事的举办也带动了周边餐饮、住宿、交通等相关服务业的发展,实现了经济效益与社会效益的双赢。此外,通过体育项目的推广,河北农村地区的文化建设得到了积极推进,丰富的体育活动成为乡村文化的一部分,提升了农村居民的文化生活品质。

总体而言,京津冀协同发展战略在改善河北农村休闲体育硬件设施、推动资源共享、提升居民体育参与度,以及促进多元化发展方面起到了至关重要的作用。然而,在这个过程中也面临着一些挑战。例如,如何合理配置资源、平衡区域内发展不均衡的现象,如何在推广体育活动的同时保护生态环境,以及如何提升农村居民的内在体育素质等。这些问题需要政府、社会组织和广大农村居民共同努力,通过政策的不断完善和措施的有效实施,逐步推动河北农村休闲体育事业的健康、可持续发展。京津冀协同发展战略的推进,无疑为河北农村休闲体育的发展提供了良好的契机和平台,也为实现全民健康目标奠定了坚实基础。

河北省农村地区的休闲体育发展潜力巨大,未来规划具有多方面的可能性。从地理条件和自然环境来看,河北省拥有得天独厚的自然资源,适合开展多种形式的户外休闲体育活动。农村地区的广袤土地、青山绿水,为农民和游客提供了充足的健身空间。如果能够科学、合理地规划和利用这些资源,将休闲体育与生态环境保护相结合,那么不仅能提高农民的身体素质,丰富其文体生活,还能推动当地经济的可持续发展。例如,可以开发乡村马拉松、山地自行车、徒步旅行等多种休闲体育项目,利用农村地区的自然环境打造特色旅游线路,吸引城市居民周末短途出游,从而带动农村经济发展。

河北省农村地区的风俗文化,也为休闲体育的发展提供了丰富的资源。河北省历史悠久,民俗文化多样,很多地区仍保留着传统的体育项目,如武术、赛龙舟等。这些传统体育活动不仅是农民生活的一部分,而且具有很强的吸引力,能提高农民的参与积极性。在未来的规划中,可以将这些传统体育项目发扬光大,融入现代休闲体育体系,形成具有地方特色的休闲体育品牌。举办民俗文化体育节、组织体育演出等不仅可以宣传和保护传统文化，还能吸引更多的游客参与其中，提升农村休闲体育的知名度和影响力。

  政策支持是推进河北省农村休闲体育发展的关键因素。京津冀协同发展战略的实施为河北省农村休闲体育的发展提供了前所未有的机遇。政府可以通过制定和实施一系列相关政策，为休闲体育的发展创造良好的环境。例如，政府可以加大对体育基础设施的投入，建设和完善农村体育场馆、体育公园等设施；制定优惠政策，鼓励社会资本参与休闲体育项目，推动体育产业的快速发展；加大对体育人才的培养和引进力度，提高农村休闲体育从业人员的专业水平。

  此外，借助现代科技手段，提升农村休闲体育的发展水平也是未来规划的重要内容。互联网、大数据、人工智能等现代技术的发展为休闲体育的管理、运营和推广提供了新的途径。通过互联网平台，农民可以方便地了解各种体育活动的信息，提高参与度；大数据技术可以为体育活动的组织策划提供科学依据，提高活动的针对性和有效性；人工智能技术可以应用于体育教学、健身指导等方面，提升休闲体育的服务水平和品质。

  河北省农村休闲体育的发展潜力还体现在其能够带动其他相关产业的发展。"体育＋农业""体育＋旅游""体育＋文化"等多种融合模式将为农村经济注入新的活力。例如，可以结合农业产业，开发农产品主题的体育活动，如果园跑、草莓采摘赛等，不仅能让参与者享受运动的乐趣，还能推广当地的农产品，增加农民的收入；可以结合旅游产业，开发体育旅游线路，设计多样化的体育旅游产品，如露营、骑行、垂钓等，吸引更多的游客前来体验；可以结合文化产业，组织文体结合的活动，如体育节、体育表演等，增添活动的文化内涵，提高活动的吸引力。

  为了实现河北省农村休闲体育的可持续发展，需要建立科学的管理和运营机制。政府部门、企业、社会组织和农民要形成合力，共同推动休闲体育的发展。政府部门要加强顶层设计，制定长远规划，建立和完善相关的法律法规和政策体系；企业要发挥市场主体作用，积极进行休闲体育项目的开发和运营，提高服务质量和效益；社会组织要发挥桥梁、纽带作用，组织和协调各方力量，促进交流合作；农民要提高自身的参与意识和健身意识，积极参与休闲体育活动。

  未来，推动河北省农村休闲体育的发展还需要加强京津冀三地的互动与合作。京津冀协同发展战略为河北省农村休闲体育提供了广阔的平台和资源，因此可以借助这一战略推动农村休闲体育的跨区域合作，形成区域联动效应。例如，河北省相关部门可以与北京、天津的体育机构、旅游公司等建立合作关系，共同开发休闲体育项目，组织跨区域的体育活动，吸引更多的参与者，提升河北省农村休闲体育的发展水平。

综合来看，河北省农村休闲体育发展潜力巨大且具有广阔的发展前景。只要充分利用自然资源和文化资源，落实政府的政策支持，借助现代科技手段，拓宽产业融合路径，加强科学管理和跨区域合作，其必将迎来发展的新局面，为当地经济社会发展作出更大的贡献。

四、京津冀协同发展战略下加快发展河北省健身休闲产业

（一）完善健身休闲产业体系

1.普及日常健身

推广适合公众广泛参与的健身休闲项目，发展足球、篮球、排球、乒乓球、羽毛球、游泳、健身跑、健步走、广场舞、骑行、台球、轮滑、体育舞蹈等普及性、关注度高，市场空间大的运动项目。优化大众健身休闲项目服务供给，构建多层次、多样化的产品体系。

2.发展户外运动

（1）冰雪运动

以张家口、承德等北部地区为主轴，辐射带动太行山及华北平原地区建设室外雪场、室内冰场，发展大众滑雪、滑冰、冰球等项目。巩固提高崇礼国际滑雪节品牌影响力，推动崇礼高原训练基地改扩建工程，高水平、高标准建设国家滑雪训练基地和大众滑雪普及场地。鼓励有条件的县（市、区）建设滑雪场或室内滑冰场。支持张家口、承德市建设冬季冰上训练基地，逐步打造成省级冰上训练基地、争创国家级冰上训练基地。

（2）山地户外运动

依托太行山、燕山等自然资源，建设登山健身步道、攀岩基地、山地越野赛场、汽车露营地等设施，开展登山、攀岩、定向、徒步、穿越、探险、拓展、骑行、露营等户外休闲运动。支持创办一批山地户外运动特色基地，培育一批国内知名山地休闲运动产业品牌。加强户外运动指导员队伍建设，完善山地户外运动安全

应急救援体系。

（3）水上运动

开发秦皇岛、唐山、沧州海洋运动资源，发展帆船、帆板、游艇、海钓、潜水、航海模型、水上滑翔等水上运动。培育壮大一批海洋运动俱乐部、水上运动组织、航模社团。利用白洋淀、衡水湖、滹沱河等湖泊、河流资源，发展龙舟、摩托艇、皮划艇、垂钓、漂流等运动项目。在白洋淀、北戴河新区、乐亭、衡水湖等区域建设多功能游艇、帆船运动码头，打造一批水上运动基地。

（4）汽摩、航空运动

推动汽车露营营地建设，谋划一批环京津自驾游精品线路，开展家庭露营、主题自驾等活动。支持发展运动飞机、热气球、动力伞、滑翔伞、动力三角翼、水上飞机观光、航空模型等低空飞行运动，构建以大众消费为核心的航空体育产品和服务供给体系。依托保定航空运动学校资源，培育体育航空观光、空中跳伞、飞行体验等特色航空体验项目，开展私照、商照和仪表等飞行执照培训。

3. 发展特色运动

挖掘民族传统体育优秀资源，发展摔跤、骑马、射箭、舞龙舞狮、信鸽、毽球、珍珠球、投壶、蹴鞠等运动项目，支持发展一批民族特色运动赛事活动品牌。推动发展高尔夫、马术、击剑、电子竞技、极限运动等时尚运动项目，建设京津冀高端休闲健身运动基地。

4. 促进产业互动融合

实施体育旅游精品示范工程，引导有条件的旅游景区拓展体育旅游项目，鼓励省内旅行社结合健身休闲项目和体育赛事活动设计开发旅游产品和路线。推动全民健身和大健康新医疗融合，发挥运动健身在疾病防御、慢性病防治和病后康复等方面的重要作用。推动体医融合发展，推广覆盖全生命周期的运动健康服务。发展运动医学和康复医学，发挥中医药在运动康复等方面的特色作用。促进健身休闲与文化、养老、教育、农业、水利等产业融合发展。

5. 推动"互联网＋健身休闲"

鼓励开发以大数据、智能化、移动互联网、云计算技术为支撑的健身休闲服务，推动传统健身休闲企业由销售导向朝服务导向转变。运用"互联网＋"整合省内体育场馆资源，建设河北省体育场地网络信息平台、体育赛事平台，提升场馆预订、健身指导、体质监测、交流互动、赛事参与、器材装备定制等综合服务水平。

（二）培育健身休闲市场主体

1. 支持休闲企业发展

加大健身休闲龙头企业扶持力度，支持打造一批具有自主品牌、创新能力和竞争实力的健身休闲骨干企业。鼓励各类中小微健身休闲企业、俱乐部强化特色经营、特色产品和特色服务。鼓励各地健身休闲产业政策先行先试，加强与京津健身休闲企业交流互动，高水平打造健身休闲服务为特色的贸易示范区。

2. 鼓励创业创新

完善创新创业市场体系，优化健身休闲产业发展环境。建设完善河北省体育产业创业创新孵化平台，扶持中小微企业做大，协助规模企业上市。鼓励各地成立健身休闲产业孵化平台，支持各类投资主体来河北创建健身休闲产业孵化平台、创客空间或分支机构。鼓励退役运动员创业创新，投身健身休闲产业。

3. 壮大体育社会组织

依法依规放宽城乡社区类体育健身休闲社会组织准入门槛，支持发展一批体育类社会组织、基金会、俱乐部。鼓励民间资本、健身休闲爱好团体创办成立各类社会组织。依托各级体育总会、单项体育协会、人群体育协会，构建健全的全民健身组织网络。推进政府向体育社会组织购买公共体育服务，鼓励各类社会组织主动承接政府公共体育服务职能。

（三）优化健身休闲产业结构和布局

1. 改善产业结构

调整优化健身休闲服务业、器材装备制造业及相关产业结构，提升服务业比重。推动户外运动器材、服装、场地产品升级，培育一批体育用品研发制造示范县；以石家庄、张家口、唐山、秦皇岛、承德等为重点，加快发展一批高端体育装备制造、体育文化创意、体育大数据、电子竞技产业园。实施健身服务精品工程，培育一批以健身休闲服务为核心的体育产业示范基地、单位和项目，打造一批优秀健身休闲俱乐部、场所和品牌。发挥重大体育旅游项目引领带动作用，建设崇礼冰雪小镇、丰宁大滩马镇、涞水四季圣诞小镇、涞源冰雪小镇等一批体育旅游示范基地。

2.打造地区特色

组织开展山水运动资源调查、民族传统体育资源调查。鼓励各地利用丰富的自然、人文资源，发展各具特色的健身休闲产业，打造"一环四带"健身休闲空间布局。"一环"即在环京津过渡区打造以"山水户外＋休闲体育"为特色的全民健身休闲基地，"四带"即以"冰雪文化＋健身休闲"为特色的京张休闲健身产业带，以"皇家文化＋健身休闲"为特色的京承健身休闲产业带，以"滨海湿地＋健身休闲"为特色的秦唐沧海洋运动健身休闲产业带，以"红色文化＋山地户外"为特色的太行山健身休闲产业带。

3.建设引领示范区

张家口冰雪健身休闲示范区。高标准、高规格建设奥运场馆设施，发展冰雪休闲产业园、冰雪运动装备制造园、冰雪运动小镇，开展大众滑雪、大众滑冰等冰雪健身项目，推动冰雪运动与健身、康体、旅游等融合发展，打造全国一流的冰雪健身休闲示范引领区。

打造雄安新区健身休闲示范区。围绕建设健康之城，加大体育公共服务设施投入力度，合理规划安排体育设施用地，构建智慧包容型公共体育服务体系，建立高端公共体育服务示范区。围绕建设绿色之城，发挥雄安新区湖泊、湿地、户外等资源优势，建设集水上、露营、户外、自行车、垂钓等健身休闲运动和风景旅游、文化旅游、红色旅游于一体的综合性健身休闲基地、体育旅游公园。制定完善雄安新区健身休闲产业发展支持政策，扶持发展体育健身、体育旅游、养生养老类优质项目，支持发展智慧体育服务业，打造高端健身休闲产业引领示范区。围绕建设活力之城，积极承接国内外优质赛事资源，培育开发一批群众喜爱、观赏性强的高水平赛事活动，打造顶级体育赛事聚集区。围绕建设创新之城，承接京津高端体育装备研发工作，使其向相关高校、科研院所转移，打造体育装备研发前沿高地。

（四）加强健身休闲设施建设

1.完善健身休闲基础设施网络

以石家庄市、张家口市崇礼区和廊坊市固安县为试点，推进全省公共体育示范区建设。精准对接百姓需求，统筹规划健身休闲项目、场地设施空间布局，建设市、县、乡、村四级健身休闲基础设施网络。鼓励利用城市和乡村闲置地，因地制宜建设健身设施。

2.盘活用好现有体育场馆资源

完善大型公共体育场馆免费、低收费开放补助标准和办法，推进企事业单位体育设施向社会开放。推动有条件的学校体育场馆设施在课后和节假日对本校学生和公众有序开放。

3.加强特色健身休闲设施建设

规划建设城市步行和自行车交通体系。研究打造国家步道系统和自行车路网，建设一批山地户外营地、徒步骑行服务站、自驾车房车营地、运动船艇码头、航空飞行营地等健身休闲设施。鼓励和引导旅游景区、旅游度假区、乡村旅游区等建设特色健身休闲设施。

（五）改善健身休闲消费环境

1.深挖消费潜力

鼓励各地结合自身定位，开发一批群众喜爱、观赏性强的高水平比赛。组织开展多种日常群众性健身休闲活动，引导广大人民群众形成投资健康的消费理念。支持俱乐部、运动团体开展专业领域的健身休闲培训，鼓励退役运动员、教练员开展各类健身休闲培训业务，培养发展青少年体育爱好和运动技能。

2.完善消费政策

探索多种形式的健身休闲消费补贴优惠政策，鼓励有条件的市、县发放健身休闲消费券，激励健身休闲消费。推进健身休闲消费便利化，积极推进便捷支付方式在体育消费领域的应用。鼓励健身休闲企业与金融机构合作发行健身休闲联名银行卡，实施特惠商户折扣。鼓励全省及京津冀三地健身休闲服务信息系统的开发及应用。鼓励引导保险公司开发健身休闲场地责任保险、运动人身意外伤害保险。推动青少年参加体育活动相关责任保险发展。完善市场监管体系，创新监管手段，加强健身休闲消费过程中投诉举报的处置能力建设，维护消费者合法权益。

3.引导消费理念

鼓励制作和播出国产健身休闲类节目。支持形式多样的体育题材文艺创作，鼓励创作编排健身操、广场舞及各种健身运动指南、作品，服务大众参加体育健身活动。

鼓励发展多媒体广播电视、网络广播电视、手机应用程序等体育传媒新业态，促进消费者利用各类社交互动平台互动交流，提升消费体验。

第三节　京津冀协同发展战略下河北省城乡体育场地设施建设

《京津冀协同发展规划纲要》指出，推动京津冀协同发展是一个重大的国家战略，核心是有序疏解北京非首都功能。因此，要加快破除体制机制障碍，推动要素市场一体化、公共服务一体化改革，构建京津冀协同发展的体制机制。其中，京津冀公共服务一体化改革本质上指的是三地公共服务资源的再分配与公共服务供给体制的重组。公共体育服务作为区域公共服务领域的重要组成内容，是提升公共服务水平的重要保障。随着全民健身战略的贯彻落实，《"健康中国2030"规划纲要》《京津冀健身休闲运动协同发展规划（2016—2025年）》《体育强国建设纲要》等系列文件的出台，以及《深入推进京津冀体育协同发展议定书》的签订，体育场地设施建设成为各级政府体育工作的重点内容。

一、京津冀协同发展战略驱动河北省城乡体育设施建设

（一）政策驱动：充分的政策保障

京津冀协同发展战略推动京津冀健身休闲运动的发展，为河北省休闲体育产业发展带来了新的契机。《京津冀健身休闲运动协同发展规划（2016—2025年）》明确提出，加强场地设施建设。

根据京津冀主体功能区要求，结合风景名胜区、旅游景区，规划建设冰雪运动、山地户外运动、水上运动、航空运动等健身休闲运动场地设施。依托国家运动休闲区、运动休闲带、运动休闲走廊，因地制宜试点建设运动休闲示范区。推动城市建设

奥林匹克公园，并在现有公园建设体育设施上，完善各类球场、冰雪运动场、登山健身步道、城市健走步道、健身房（馆）、全民健身中心，以及通过型和度假型露营地等场地设施。建立京津冀三地体育场馆设施共建共享机制，推动机关企事业单位和大中小学校体育场馆设施有效开放，提高已有体育场馆设施的利用率，推进体育场地设施围绕服务生命全周期、健康全过程的需求进行改造升级和资源共享。运用现代信息技术手段开展"体育场馆＋互联网"建设，提升各类体育场馆的运营管理水平。

当前，河北省依托自然资源，围绕"环京津体育健身休闲圈"的工作部署，充分发掘潜在的乡村"体育＋旅游"资源，大力发展运动休闲小镇建设，力争打造一批高品质的品牌工程，建设一批具有特色的户外活动基地。

（二）经济驱动：客观的必然选择

京津冀协同发展战略推动河北省重新定位城市功能、优化生产布局。城乡居民生活水平的提高使得人们对体育的消费需求更加多元化，城镇化水平的提升使得公共体育场地设施建设的速度加快。此外，河北省城镇化建设力度的加大、河北地区城镇化水平的提升，也为河北省城乡公共体育设施建设配置的优化奠定坚实的基础。

（三）事件驱动：多元化的健身需求

随着京津冀协同发展战略的推进，京津冀地区体育产业协同发展步伐的加快，越来越多的体育赛事落户河北，带动体育竞赛表演、体育健身、体育培训、体育旅游等相关产业的发展，为河北省群众体育发展提供了更多的展示平台，刺激了群众参与体育锻炼的积极性。京津冀协同发展是一项重大国家战略，全民健身工作应积极融入这一战略，推动京津冀协同发展。

二、京津冀协同发展战略下河北省城乡体育设施建设的策略

京津冀协同发展战略的提出，对河北省的发展来说，是千载难逢的历史机遇。经济结构的调整、产业结构的优化升级、群众赛事的增多，以及人民群众健康需求的多

样化对河北省城乡公共体育设施建设规模和质量提出了新的发展要求。

（一）完善体育场地设施法规体系，加大政策执行力度

虽然从中央到地方政府制定了不少关于加强体育场地设施建设方面的法律法规，但因缺乏有效的监督机制，政策执行力度被削弱，这严重制约了公共体育场地设施的健康、可持续发展。因此，在完善城乡公共体育场地设施的法规体系时，除加强顶层设计外，还要切实保障城乡居民的体育权利。

一方面，在新建住宅小区项目的设计、施工、验收流程中，应将全民健身的体育场地和设施配建列入《住宅项目规范》，并由体育部门或专业的第三机构严格按照体育场地设施建设的标准对其执行情况进行审核，对不符合配建要求的项目不予以验收。

另一方面，应丰富体育保险产品供给。体育保险发展应从顾客的需求出发，根据特定的运动健身、设施使用场景设计个性化的保险产品与服务，建立健全公共体育场地设施服务主体的免责机制，提高学校、体育场馆、健身俱乐部的场地设施对外开放程度。

此外，应逐步健全体育场地设施的建设监管、群众反馈的政策保障机制，充分发挥人民群众的监督作用，将体育场地设施的建设质量、数量列入各级部门的绩效考评，促进城乡公共体育设施发展的均等化。

（二）拓宽资金来源，加强对体育场地设施的建设与管理

从河北省目前的体育场地设施建设资金投入情况来看，经费投入不足和城乡体育建设投资差异严重影响城乡公共体育场地设施建设。因此，河北省在进行体育场地设施建设时，应树立城乡体育场地设施协同发展的理念，打破现有的城乡二元发展模式，通过加快财政经费投入和预算审批制度的改革，增加经费投入，拓宽资金来源，形成政府主导，社会力量有序参与的稳定增长投入机制。

完善鼓励和吸引社会资本投入的政策，加大财政投入力度，构建以社会资金为主体，财政资金为补充的多元化投入体系。优化政府投资方向，改进投资使用方式，通过投资补助、基金注资、担保补贴、贷款贴息、政府购买服务等多种手段鼓励社会资本参与河北省体育场地设施建设。

提高群众的健康意识和参与体育锻炼活动的积极性，增加群众身边的体育场地设施建设，进一步推进河北省"15 分钟健身圈"工程，提前对居民的健身需求和运动项目偏好进行调研，利用农村活动广场、街道社区、体育公园修建健身场地和健身路径，对不能适应城市发展和不能满足农村居民健身需求的体育场地设施进行改造。

此外，加强对体育场地设施的管理与维护。因为缺乏专业的体育场地设施管理人员，农村的部分体育场地被闲置或被占用，健身设施损坏严重，所以体育部门应制定体育场地设施管理制度，通过校企合作或社会培训的形式，培养一批专业的基层体育组织服务人员和社会体育指导员从事群众健身休闲和体育锻炼的指导工作，实现体育场地设施的长效利用。

（三）搭建信息交流平台，优化共享资源配置

河北省在实施公共体育场地设施建设的过程中，对城市、农村提供的体育健身服务并不是标准化、统一化的，因此应根据群众的健身需求，结合地方特色和健身活动开展情况，因地制宜地进行体育场地设施规划建设。对全民健身活动开展先进的市、区、县进行表彰，搭建学习交流的平台，通过网络渠道或者现场观摩进行学习；对经济落后的地区进行重点帮扶，优化体育场地设施布局，实现体育人才、体育场地建设资金、体育场地设施等资源的合理配置。

建立河北省体育场馆数据库，运用信息技术手段，提升体育场地设施的服务管理水平。学校、企事业单位的体育场地设施是群众健身锻炼场所的有效补充，加大社会资源的开放程度，一方面，可以提高学校和企事业单位的体育场地设施的使用率；另一方面，可以有效缓解居民健身器材短缺的问题。

近年来，河北省城乡体育场地设施建设取得了较大进展，在场地规模、体育设施数量、人均场地面积等方面都有较大增幅，但仍面临体育设施数量不足、体育设施建设城乡分布不平衡、体育设施的投资金额严重不足等问题。河北省作为京津冀协同发展战略实施的主体之一，应充分适应改革发展的时代要求，打破区域壁垒，积极探索公共体育服务的改革方向，完善服务体系，因地制宜地提升城乡体育场地设施建设质量，满足人民群众日益增长的健身需求。

参 考 文 献

[1] 陈华伟.全民健身公共体育资源配置效率测评理论与实证研究[M].北京：人民体育出版社，2021.

[2] 陈燕，秦爱民，林锦蛟，等.论和谐社会背景下全民健身服务体系的构建[J].体育与科学，2007（4）：20-22.

[3] 陈元香，冯建强.全面小康社会背景下城市社区全民健身路径选择研究[J].农家参谋，2018（5）：276.

[4] 范旭东，杜猛.全民健身战略背景下的体育文化建设与传播研究[M].长沙：中南大学出版社，2023.

[5] 冯鑫，董莹."健康中国"战略视域下全民健身与健康养老融合研究[J].健与美，2024（7）：88-90.

[6] 宫彩燕.全民健身体系研究[M].长春：吉林人民出版社，2020.

[7] 韩剑云，郑朝沙，赵红.全民健身背景下休闲体育产业发展与管理研究[M].西安：陕西旅游出版社，2020.

[8] 刘大正.数字技术赋能全民健身公共服务体系建设研究[J].湖北开放职业学院学报，2024，37（9）：169-171.

[9] 刘新华.我国全民健身活动指导体系研究[M].北京：人民出版社，2022.

[10] 陆阿明，陆勤芳.科学健身：如何选择健身运动项目[M].苏州：苏州大学出版社，2020.

[11] 陆贝.潍坊市多元化全民健身服务体系构建与发展研究[J].潍坊学院学报，2017，17（6）：46-51.

[12] 罗旭.我国全民健身服务体系的理论与实证研究[J].体育科学，2008（8）：81-96.

[13] 马倩倩.体育强国与全民健身背景下影响我国幼儿体育发展的因素及对策[J].文体用品与科技，2024（13）：4-6.

[14] 毛丰.全民健身背景下的体育基础知识与健康教育[M].北京：中国纺织出版社

有限公司，2021.

[15] 史小强.全民健身公共服务绩效模型构建与实证研究[M].北京：中国社会科学出版社，2020.

[16] 唐雪姣.和谐社会视域下科学全民健身服务体系的构建[J].文体用品与科技，2019（19）：249-250.

[17] 陶花.全民健身服务体系现状与对策研究[D].广州：华南师范大学，2007.

[18] 汪波，李慧萌.论多元化全民健身服务体系的概念与结构[J].体育科学，2011，31（2）：5-11.

[19] 王洪妮，李洪波.全民健身与全民健康深度融合研究[M].长春：吉林科学技术出版社，2022.

[20] 王晖.全民健身背景下体育教师全面素质的培养与提升研究[M].北京：中国书籍出版社，2021.

[21] 王柯，梁东光.基于"多元化"公共体育服务体系构建视角下百色市全民健身活动开展现状分析[J].体育世界（学术版），2018（7）：15-16，10.

[22] 王立诺.全民健身时代体育产业发展研究[M].北京：中国财政经济出版社，2022.

[23] 王令智，左丽君，郭振华.体育强国建设背景下乡村体育高质量发展研究[J].武术研究，2024，9（6）：143-148.

[24] 王哲.全民健身背景下青少年体质健康与促进研究[M].长春：吉林人民出版社，2021.

[25] 武会利.公益性全民健身服务体系建立与运行机制研究[D].武汉：武汉体育学院，2009.

[26] 肖建英，彭兴云，张迎春.大健康视域下全民健康素养提升研究[M].哈尔滨：北方文艺出版社，2022.

[27] 肖林鹏.论全民健身服务体系的概念及其结构[J].西安体育学院学报，2008（4）：6-11.

[28] 许辰旭.体育助力乡村振兴背景下乡村全民健身公共服务体系的建设举措[J].文体用品与科技，2024（11）：28-30.

[29] 薛龙慧.全民健身公共服务体系建设的优化探索[J].文体用品与科技，2023（23）：13-15.

[30] 杨红.全民健身中心多元化老年健身服务体系的构建[J].文体用品与科技，2018（12）：207-208.

[31] 姚智.全民健身与全民健康深度融合研究[M].北京：中国纺织出版社有限公司，2022.

[32] 张浩淼.我国全民健身服务体系的构建研究综述[J].体育科技文献通报，2020，28（3）：104-106.

[33] 张为杰.全民健身背景下运动健康的研究[M].北京：中国纺织出版社有限公司，2023.

[34] 张昕，刘娅，陈峙达.青少年体质健康促进的社会支持运行机制研究[J].大连大学学报，2024，45（3）：114-122.

[35] 郑家鲲，王思贝.体育强国视域下全民健身公共服务标准化的历程与路径探索[J].上海体育大学学报，2024，48（7）：31-42.